美国军事应急管理大纲

王小巍／张宝华／李晓　等·编译

时事出版社
北京

图书在版编目（CIP）数据

美国军事应急管理大纲/王小巍等编译. —北京：时事出版社，2022. 8
ISBN 978-7-5195-0507-3

Ⅰ. ①美… Ⅱ. ①王… Ⅲ. ①军事—突发事件—军事管理—美国
Ⅳ. ①E712. 0

中国版本图书馆 CIP 数据核字（2022）第 114219 号

出 版 发 行：时事出版社
地　　　址：北京市海淀区彰化路 138 号西荣阁 B 座 G2 层
邮　　　编：100097
发 行 热 线：（010） 88869831　88869832
传　　　真：（010） 88869875
电 子 邮 箱：shishichubanshe@ sina. com
网　　　址：www. shishishe. com
印　　　刷：北京良义印刷科技有限公司

开本：787 × 1092　1/16　印张：12. 5　字数：210 千字
2022 年 8 月第 1 版　2022 年 8 月第 1 次印刷
定价：85. 00 元
（如有印装质量问题，请与本社发行部联系调换）

编译人员

王小巍　张宝华　李　晓　严凤斌
崔艳萍　吕向群　周　锋　刘　娜
谭　振　闫正军　李修蕾　汤　璇

前　言

美国国防部长作为国家安全委员会高层工作班子成员，在总统国家安全事务助理的组织下开展美国国家应急管理的日常工作。

“9·11”事件后，美国为了防范和打击恐怖主义，解决行动、资源、信息不一致所造成的应急效率不高的问题，对整个危机处理机制进行了大幅度的调整。2002 年，美军成立了北方司令部，专门负责本土安全。北方司令部的成立，开辟了美国政府在本土动用军队执行民事任务的先河。

2002 年底，美国国会通过了《国家安全法案》，并据此于 2003 年组建了国土安全部。国土安全部合并了原“紧急动员准备委员会”和“联邦紧急管理署”两大部门的职能，承担起联邦政府各部门制定政策、协调处置所有美国“国内应急”计划的职责。至此，美国的危机管理把突发事件管理与国家安全保障紧密地结合起来，将“保障国土安全”列为首要任务，把传统的针对灾害管理的任务看成是国家安全保障工作的一部分，整合了应急与应战的资源与力量，真正走向了一体化综合管理。

美军认为应急保障能力是战备能力的重要组成部分，是确保美军力量敏捷作战的重要支撑。应急保障“建在平时，用于紧要”，往往在关键时刻发挥重要作用。不论是战争爆发还是灾难救援行动，地面力量作用的发挥有赖于应急保障能力。

在此背景下，我们对美国军事应急管理的相关法律法规进行了跟踪研究，形成了《美军应急保障法规研究》等一系列成果。在开展研究的过程中，我们也组织力量翻译了部分法规，选择了其中最为重要的两部法规编辑成了本书，希望能为我军应急保障法规的研究与制定工作提供参考和借鉴。

本书由陆军工程大学军械士官学校王小巍副教授统稿，《美国国防部应急管理大纲》由王小巍、张宝华、崔艳萍、吕向群、刘娜、谭振、闫正军负责翻译与校对，《美国陆军应急管理大纲》由王小巍、李晓、严凤斌、周锋、李修蕾、汤璇负责翻译与校对。尽管本书经过编译者的共同努力反复修改完善，但由于我们的水平有限，对美国应急管理的相关知识掌握得还不到位，错误和不完善之处在所难免，恳请读者批评指正。

编译者

2022 年 3 月

目　　录

第一部分

美国国防部应急管理大纲

美国国防部指示 DoDI 6055.17

美国国防部应急管理大纲

发布机构	负责采办和保障的国防部副部长办公室
生效日期	2017 年 2 月 13 日
变更文件 3 生效日期	2019 年 6 月 12 日
发布	允许公开发布①
再版与取消	对 2009 年 1 月 13 日发布的国防部指示 DoDI 6055.17《国防部基地应急管理大纲》进行了修订
批准人	詹姆斯·麦克斯特拉维奇，履行负责采办、技术与后勤的国防部副部长
变更文件 3（行政）批准人	凯伦·桑德斯，负责采办和保障的国防部副部长办公室参谋长

根据美国国防部指令 DoDD 5134.01《负责采办、技术与后勤的国防部副部长》的授权、美国国防部指令 DoDD 4715.1E《环境、安全与职业健康》的指导以及 2018 年 7 月 13 日的美国国防部副部长备忘录《设立负责研究和工程的国防部副部长办公室与负责采办和保障的国防部副部长办公室》，此版本：为世界各地的美国国防部基地制定应急管理政策与程序、分配管理职责；设立美国国防部应急管理指导组来指导应急管理事务，提出政策建议。

① 参见指令处网站：https：//www.esd.whs.mil/DD/。

《美国国防部应急管理大纲》目录

第一章　发布信息

一、适用范围

此版本适用于：

1. 国防部长办公室、军种部、参谋长联席会议主席办公室及联合参谋部、联合作战司令部、国防部监察长办公室、国防部各局、国防部现场活动机构，以及国防部内的所有其他组织实体（此版本中统称为“国防部部门”）。

2. 国防部部门在国防部的控制之下对基地采取的措施。

3. 国防部的所有人员，包括现役和预备役军人以及国防部文职人员，国防部与非国防部暂驻人员，国防部和美国政府的临时雇员，以及在全球范围内的美国国防部基地中居住或工作的国防部人员家属、国防部合同商、访客和来宾。

二、政策

国防部：

1. 通过制定与完善综合性全灾害①应急管理大纲，来保持国防部的战备完好性并维持任务保证。

2. 使应急管理大纲中的工作与总统政策指令 PPD－8《国家备灾》保持一致。

---

① 译者注：全灾害是一种针对所有自然、人为和技术威胁危害的，用来防灾、减灾、备灾、响应、持续和恢复的方法。

3. 酌情实施国家规划框架和国家准备系统①，包括在紧急情况下进行事故管理的国家事故管理系统、事故应急指挥系统②和多部门协调系统。

三、变更文件3概要

根据2018年7月13日的国防部副部长备忘录《设立负责研究和工程的国防部副部长办公室与负责采办和保障的国防部副部长办公室》，此变更文件为行政性质，用于更新编号代号与组织符号，以反映负责采办、技术和后勤的国防部副部长办公室的重组工作。

---

① 译者注：国家准备系统用于发展、维持并实现核心能力水平，进而实现建立一个安全且有防御能力的国家的目标。该系统包括识别和风险评估、估计处理风险所需要的能力水平、构建或维持用以应对灾害的能力水平、制订和实施计划以达到需要的能力水平、验证和监控进展情况、评估和修改工作、促进持续发展。

② 译者注：事故应急指挥系统是美国实施应急指挥的一套政策工具，是应急管理机制的核心组成部分，现已成为美国应急管理中心广泛采用的标准现场指挥体系。

第二章　责任

一、负责采办和保障的国防部副部长

负责采办和保障的国防部副部长：

1. 与国防部各部门进行协调来不断更新应急管理大纲。

2. 与负责政策的国防部副部长协调关乎共同利益的应急管理大纲事务，二者都要参与应急管理活动。

3. 与国防部副部长（主计长）/首席财务官协调，以提供标准、指导和指示，从而将应急管理大纲中的要素纳入适当的国防部计划和预算文件之中。

4. 与负责人事和战备的国防部副部长协调，制定关于国防部文职人员紧急计划与应急大纲的政策以及程序。

5. 根据国防部手册 DoD Manual 3150. 08《核武器事故应对程序》，使应急管理大纲中的要求与核武器事故应对程序相一致；根据国防部指令 DoDD 3150. 08《国防部应对核与放射性事故》，使应急管理大纲中的要求与国防部应对核与放射性事故的工作相同步。这种同步包括立即反应部队和特遣部队的计划、程序、通信、训练、设备以及演习，视情况而定。

二、负责保障的国防部助理部长

在负责采办和保障的国防部副部长的授权、指导和控制之下，负责保障的国防部助理部长负责以下事项：

1. 发展、维持并确保国防部机构遵守应急管理政策、法律与行政命令，从而提供一致、同步且一体化的应急管理，其中包括制定整个国防部范围内的总体目标和具体目标。

2. 依照《美国法典》第10编《武装力量》以及第50编《战争和国防以及附录》第1522节“实施生化防御计划”，为应急管理大纲要求的保障和寿命周期管理活动提供标准。

3. 倡导并保障应急管理大纲的规划、计划与预算过程。

4. 依照本文附录，设立国防部应急管理指导组并任命代表来担任主席和联席主席，就国防部范围内的应急管理工作提供指导和政策建议。

5. 参加适当的国防部长办公室级别的委员会、会议和工作组，以呈现应急管理大纲的各个方面，包括与任务保证（例如，基地保护、反恐、医疗响应、关键基础设施保护、对气候变化的适应）以及民政当局国防支援相关方面。

6. 与国防部人力资源部门进行协调，通过制定辅助技术设备与服务条款，改善残疾人对基地应急管理大纲的获取或设施（例如庇护所）的使用。

7. 与负责国土防御和全球安全的国防部助理部长进行协调，以保持大纲、计划和政策的同步，其中包括在事故和应急响应、预有准备的事件以及保障准备活动期间可获得的国防部能力。

8. 与国防部爆炸物安全委员会协调，制定并完善与国防部军火以及其他爆炸物相关的险情应急管理要求。

三、国防威胁压制局局长

在负责采办和保障的国防部副部长的授权、命令和控制之下，通过负责核生化防御计划的国防部助理部长，除相关所述责任之外，国防威胁压制局局长负责以下事项：

1. 派出代表担任国防部应急管理指导组的技术顾问。

2. 修订、协调、发布、使用与完善标准，根据此版本中的标准评估应急管理能力，并将这些标准与国防部任务保证评估基准进行整合。应急管理基准适用并涵盖所有的自然、技术与人为危害和威胁，并且不再局限于仅适用于恐怖主义想定的标准。

3. 作为联合任务保证评估的一部分，评估旨在确定应急管理能力是否符合此版本中的要求。

4. 对从联合任务保证评估小组收集的应急管理大纲数据进行分析，并向应急管理指导组提供年度简报。

5. 开发与完善全灾害风险评估方法或工具，以提供一致且可重复的流程来将联合环境中的危险和威胁基准评分标准化。

四、负责政策的国防部副部长

负责政策的国防部副部长要制定国防部政策，并监督应急规划与准备工作、危机管理、紧急情况下的国防动员、民政当局国防支援、关键国防基础设施的保护、行动与管理的可持续性、任务保证和反恐。

五、负责国土防御和全球安全的国防部助理部长

在负责政策的国防部副部长的授权、命令和控制之下，依照国防部指令 DoDD 5111. 13《负责国土防御和全球安全的国防部助理部长》，负责国土防御和全球安全的国防部助理部长负责以下事项：

1. 根据国防部指令 DoDD 3025. 18《民政当局国防支援》的规定，担任国防部长的民政当局国防支援事宜首席文职顾问，向负责保障的国防部助理部长提供有关民政当局国防支援政策的建议，包括使民政当局国防支援与应急管理大纲中的要求保持同步。

2. 在负责政策的国防部副部长办公室中担任应急管理事宜首席官员。

3. 在紧急情况之前、期间或之后，提供关于应急管理保障的外部来源（例如，联邦、州、部落和地方机构，非政府组织，以及其他私人实体）申请政策和程序。

4. 担任涉及机构间合作方、国会、州政府、地方政府和私营部门中的组织的国土防御活动、国家准备和民政当局国防支援等国防部政策事务的首席文职顾问。

5. 对涉及国土安全和国土防御的国防部永久军事基地要求的制定

工作进行协调，包括对国家生物防御和国内核探测体系的要求；并与相关办公室和跨部门组织进行协调，包括负责保障的国防部助理部长办公室在内的国防部相关办公室。

6. 根据国防部指示 DoDI 2000. 12《国防部反恐大纲》，担任与应急管理相关的反恐顾问。使国防部反恐策略与应急管理大纲保持同步，包括保证《国防部反恐标准》第 20、21 和 23 条以及第 15 条的部分内容保持一致（详见国防部指示 DoDI O - 2000. 16《国防部反恐大纲的实施》），其中包括的领域有风险管理方法、计划、程序、通信、训练、设备和演习等。

7. 就永久军事基地中的关键资产向负责保障的国防部助理部长提供建议。

8. 在制定与完善符合“全灾害”定义（总统政策指令 PPD - 21《关键基础设施的安全和恢复能力》给出的定义）精神的全灾害应急管理策略要求期间，与负责保障的国防部助理部长进行协调。

9. 根据任务保证战略，使与任务保证相关的项目和活动政策与应急管理政策保持同步。

10. 根据国防部指令 DoDD 3020. 44《国防危机管理》，除履行国防部范围内的其他危机管理责任外，还要担任国内危机主管。

六、国防部副部长（主计长）/首席财务官

国防部副部长（主计长）/首席财务官与负责采办和保障的国防部副部长协调，以提供标准、指导和指示，从而将应急管理大纲的要素纳入国防部相关计划和预算文件之中。

七、负责人事和战备的国防部副部长

负责人事和战备的国防部副部长负责以下事项：

1. 制定、发布与完善人力资源应急准备指南，例如文职人员管理局的《应急准备和响应指南》。

2. 通过负责军事人员政策的国防部副助理部长和武装部队牧师委

员会，并与军种部的训练司令部相协调，核查各军种部队牧师的训练内容是否包括有群体性伤亡响应及相应的响应计划。

八、负责卫生事务的国防部助理部长

在负责人事和战备的国防部副部长的授权、命令和控制之下，负责卫生事务的国防部助理部长负责以下事项：

1. 制定与完善整个国防部的医疗（包括心理健康）、兽医（包括食品保护和农业）和公共卫生总体目标与具体目标，以保障应急管理大纲。

2. 向国防部应急管理指导组派出代表，提供医学、兽医和公共卫生应急管理专业知识。

3. 根据国防部指令 DoDD 6200. 04《部队保健》和国防部指示 DoDI 6200. 03《国防部范围内的公共卫生应急管理》，将公共卫生、兽医卫生以及医疗应急管理措施与应急管理大纲相整合，例如部队保健、应急响应、医疗对策、公共卫生紧急情况、公共卫生灾难规划，以及医疗和兽医监测。

4. 为负责保障的国防部助理部长提供支持，以在全灾害框架内制定与完善应急管理大纲中的医疗、兽医与公共卫生应急管理要求。

九、国防部首席信息官

国防部首席信息官负责以下事项：

1. 对国防部机构的信息与通信技术解决方案进行监督，该方案用于保障应急管理，以根据国防部指示 DoDI 8330. 01《信息技术互用性》，实现与包括非国防部合作方在内的任务合作方之间的互用性。

2. 根据国防部指示 DoDI 8110. 01《国防部任务合作方环境信息共享能力的实施》，为国防部机构的信息与通信技术解决方案的互通性、安全测试与认证提供指导。

3. 根据国防部指示 DoDI 8510. 01《国防部信息技术风险管理框架》，监督国防部机构的信息与通信技术，以保障应急管理符合所有其他相关的国防部信息技术要求，尤其是关于网络安全和个人身份信息保护的要求。

4. 向国防部应急管理指导组派出代表以担任技术顾问。

5. 与负责采办和保障的国防部副部长协调，在适当的情况下确定国防部联合企业解决方案，以最大程度地减少重复工作并提高效率。

十、国防部副首席管理官

国防部副首席管理官负责以下事项：

1. 代表国防部长，履行五角大楼保留地①以及国家首都特区的国防部设施的高级管理官员的职责。

2. 根据此版本，监督应急管理大纲和事故指挥的执行情况。

十一、国防部部门负责人

国防部部门负责人的职能包括：

1. 对应急管理要求进行计划、规划和预算，并提供管理保障、资源和工作人员，以便在所有组织层级中有效推行并评估应急管理大纲的遵守情况。根据需要参与负责保障国防部助理部长的管理审核工作。

2. 为基地中的暂驻单位或联合基地的被保障司令官落实有关程序，以便他们完全介入东道部门的应急管理大纲。

3. 监督政策与程序，并为应急管理设备和设施的全寿命周期提供管理资源，包括采办、（装备）下发、储存和更换职能。

4. 在军种或部门总部以及相应的更高级别总部中指定应急管理大纲管理人员或协调员，对其进行训练并为其提供资源，从而保障应急管理大纲。

5. 设立一个国防部部门或总部级别的应急管理工作组并赋予其权力，以提供在成员、利益相关方和领导层之间进行深入协调的途径。应急管理工作组旨在对国防部制定的应急管理大纲进行有效补充，并就倡

① 译者注：五角大楼保留地包括五角大楼、马克中心学校和鸦岩基地。

议、优先考虑事项、总体目标和具体目标达成共识。

6. 依照国防部指示 DoDI 6200.03《国防部范围内的公共卫生应急管理》确定总部级别的公共卫生和医学顾问，以就与应急管理大纲有关的公共卫生、兽医和医学问题提供建议。

7. 根据第 13347 号行政命令《应急准备中的残疾人》，就涉及残疾人的应急支援问题向应急准备与残疾人机构间协调理事会寻求技术指导。

8. 利用应急管理工作组的专业知识来制定一个通用规划流程以及保障规划模板，以在最大程度上将应急管理计划标准化。兼顾联邦应急管理局综合备灾指南 CPG 101《制订与完善紧急行动计划》中的规划指导。

9. 制定、实施并维持适当的应急管理训练课程。

10. 制定完成后，使用国防威胁压制局的联合全灾害威胁评估方法或工具将整个联合环境中的危害和威胁基准评分进行标准化。

11. 对使用位于基地外设施（例如，租借空间、后备役中心、征募站）的人员负有责任时，要求这些设施根据《美国联邦法规》第 29 编《劳工》第 1910.38 节“紧急行动计划”制订紧急行动计划，并让这些设施中的人员被群体性警报通知系统覆盖。

12. 根据国防部指示 DoDI 6055.06《国防部消防与应急服务大纲》，确定总部级别的消防与应急服务总顾问，从而就与应急管理大纲有关的消防和应急响应问题提供咨询意见。

13. 确保向国防部部门级或基地级的任务管理官员确认了与应急管理相关的漏洞，这些漏洞可能会危及关键国防基础设施的安全或影响任务的完成。

14. 制定、实施和维持演习评估大纲。

十二、参谋长联席会议主席

除相关所述责任之外，参谋长联席会议主席负责以下事项：

1. 不断更新在联合环境中实施应急管理大纲所必需的政策、策略、技术以及程序，制定联合条令，出版相关出版物。

2. 指示联合需求监督委员会解决应急管理问题，包括测试和评估物资保障方案，以实现快速采办与配发、应急管理技术军民融合。

3. 起草参谋长联席会议主席项目评审和项目分析评估报告，包括由国防部部门以及联合需求监督委员会确定的应急管理大纲需求总结，以及联合作战司令部司令提供的统一优先事项清单。

十三、联合作战司令部司令

通过参谋长联席会议主席，除相关所述责任之外，联合作战司令部司令负责以下事项：

1. 通过计划、规划、预算和执行流程，为联合国防部的应急管理大纲要求提供支持。

2. 制定符合应急管理大纲要求的准备政策、计划、程序和指导方针，以提升司令部责任和利益范围内的社区准备①和灾害韧性②。

3. 根据部队地位协定③、美国国务院和联合作战司令部司令的指导以及适用的东道国标准，监督应急管理要求在东道国的执行情况。验证东道国军事基地的应急管理大纲能否指导国外后果管理、人道主义援助和救灾行动。

4. 在司令部的职责范围内，与国防部各单位（例如，驻外办事处、防务协调官与单位、设施、基地和国防部部门）分享风险管理流程的结果。

5. 整合相关计划和命令中的应急管理训练与演习要求，以验证它们与现有指南的一致性。

6. 将应急管理基准整合到联合作战司令部司令的项目审查或其他项目分析评估之中。

---

① 译者注：社区准备是指社区准备就某一问题采取行动的程度。这种准备可以是从完全没有，到已经有了成功的方案并取得了进展。

② 译者注：灾害韧性是指个人、社区、组织和国家在不影响长期发展前景的情况下，适应灾害、冲击或压力并从中恢复的能力。

③ 译者注：部队地位协定是国家之间、国家和国际组织之间就一国部队在另一国的地位问题而达成的协议，其主要内容包括武装部队人员及有关人员的范围、司法管辖权、部队出入境、武器的携带与使用、税收、军装的穿着等事项。

附录　国防部应急管理指导组

国防部应急管理指导组负责以下事项：

1. 由来自国防部长办公室、联合参谋部、军种部和其他国防部部门的代表组成，至少要包括国防后勤局、国防威胁压制局和五角大楼部队保护局的代表。

2. 就应急管理大纲的各个方面提出全新和经修订的规划指导与政策建议。

3. 按季度或根据需要召开会议，以分享信息、讨论共同关注的事项，并就应急管理大纲的各个方面提出政策和优先考虑事项建议。

4. 作为负责采办和保障的国防部副部长的应急管理大纲技术咨询委员会，并根据需要为其他团体（例如任务保证高级指导组）提供保障。

第三章　应急管理大纲的执行

一、标准

1. 此版本的应急管理大纲要求为国防部各部门开展应急管理实践活动提供指导，这些实践活动具备扩展性、灵活性及适应性，并符合以下要求：总统政策指令 PPD－8《国家备灾》、国家事故管理系统和美国消防协会 NFPA 1600《灾害/应急管理和业务连续性方案/行动的连续性标准》。

2. 应急管理大纲的最低要求要素提供了一个结构框架，可根据国家规划框架和国家备灾系统处理并保障现有的军种部/军种应急管理指导。

3. 国土安全部的《海上作战威胁应对大纲》和海上安全政策协调委员会的《国家海上安全战略海上基础设施恢复大纲》可为领海内的基地提供指导。

二、大纲管理

1. 应急管理大纲文档必须包括应急管理执行政策或愿景说明，以及经过与咨询委员会（例如基地应急管理工作组）协调制订的多年份战略计划，该计划会定义应急管理大纲的任务、总体目标、具体目标和里程碑。

2. 应急管理大纲将记录项目评估、维护和修订过程中所采用的方法。通过与应急管理顾问委员会协调，每年至少审查并更新一次所有应急管理中风险管理相关的计划、程序和资源管理结果。

三、应急管理计划的制订与管理

基地应急管理人员必须为每个基地制订完善综合全灾害应急管理计划，该计划要与预防、保护、减灾、响应和恢复这五个任务领域保持一致。应急管理计划必须足够灵活，以便在包括不可预见事件的所有紧急情况中使用，还要足够详细，从而为基地指挥官提供初始行动方案，对潜在的意外事件按预案实施响应。

1. 应急管理计划要素。应急管理计划：

（1）在具有应急管理职责的基地或司令部中，设定应急管理所有阶段的任务、要求和行动方案。

（2）将职责分配给所属的局（处）级单位、暂驻组织、社区以及基地内的企业。

（3）通过一体化行动方案同步所有的紧急行动。

（4）与其他和保护相关的计划及项目进行协调，包括化生放核应对措施、反恐与警卫措施、消防与应急服务、医疗保障、行动的连续性以及环境保护等方面。

（5）至少每年更新一次，并结合年度演习、实际事件以及风险管理活动中确定的经验教训和改进机会来进行更新。

2. 应急管理计划的要求。应急管理计划必须符合此版本中的指南，并与国家事故管理系统，以及其他相关法律、政策、法规、合意标准保持一致。位于美国本土以外的基地也应尽可能在其应急计划中落实国家事故管理系统的原则。应急管理计划至少要解决以下问题：

（1）应急管理大纲的任务、总体目标和具体目标。

（2）所有承担应急管理职责的人员、组织以及机构的职能角色、责任和权限。

（3）社区概况。

（4）减灾活动，包括：

A. 风险管理。

B. 训练。

C. 演习与评估。

D. 跨部门协调。

E. 所需设备。

（5）减灾计划将确立临时与长期的措施，以便减少或消除已识别危害与威胁带来的风险。

（6）响应规划，以确立响应措施并分配落实这些措施的责任。具体的响应规划考虑因素包括：

A. 与当地民事和军事伙伴定义、塑造并分享通用作战态势图的途径。

B. 在事故发生之前、期间和之后，提供警告协调、群体性警报通知以及应急公共信息①的方法。

C. 行动连续性规划。根据国防部指令 DoDD 3020. 26《国防部连续性政策》，行动连续性规划用于确认完成任务必需的职能与人员、程序和资源。可以将行动连续性计划制订成单行本作为应急管理计划的参考文献。

D. 撤离管理和民众关怀计划，涉及民众关怀方案、家庭援助、当地和远程安全区、民用庇护所的使用、人员问责制、民众给养、大批量分配、有特殊医疗需求的人员或残疾人、服务性动物②和普通动物需求管理。

E. 就地避难和封锁规划与程序。

F. 志愿者和捐赠管理，在符合相关政策和法规、且不干扰响应和恢复行动的情况下，用于制定程序来组织协调未定购的服务与货物的接收。《美国法典》第 31 编《货币与财政》第 1342 节“志愿服务的限制”授权在涉及人身安全或财产保护的紧急情况下调用志愿者，但志愿者本人不得以其志愿者的身份从事常规性、日常性、非紧急的职能或任务。

G. 应急家庭援助中心的民众关怀服务，制定在紧急情况的响应和

① 译者注：紧急公共信息是指在紧急情况下，通过广播和印刷媒介，由官方渠道向公众传播的一类信息。紧急公共信息包括关于生存和健康保护措施的指示、灾情的状态信息，以及州和联邦的援助。这类信息通常是为了公众的普遍福祉。

② 译者注：服务性动物是指受到专门训练，为残障人士提供服务的动物，如导盲犬、助听犬，拉轮椅、照护癫痫病患者或执行其他特殊任务的动物。服务性动物是从事工作的动物，而非宠物。

恢复期间使受害者融入家庭服务的程序。国防部指示 DoDI 1342. 22《军人家庭准备》中明确了制订与完善应急家庭援助计划、任务以及行动方案的相关规定。

H. 危机和群体性伤亡的响应措施，整合了宗教支援和所有可用的医疗保障，以应对各种危机或灾难性事件。

I. 可行的动态协议，以允许非国防部第一响应人、第一接收人和应急响应人员在紧急情况下进入基地。

（7）恢复计划，用于为恢复职能、服务、资源、设施、项目和基础设施提供短期与长期优先考虑事项。

（8）紧急情况各个阶段的通信，涉及主要通信节点的通信能力与作业，包括但不限于应急通信中心、流动指挥所和事故指挥部。

（9）残疾人的保障，包括验证所有紧急撤离计划是否按照美国劳工部《雇主将残疾雇员纳入紧急撤离计划的指南》中的建议，制定、实施并演练保障残疾人及其服务性动物的保障措施。

3. 应急管理计划的结构。必须按照公认的做法（例如联邦应急管理局的独立学习项目 IS－235. C 课程《应急规划》和综合备灾指南 CPG 101《制订与完善紧急行动计划》）设计应急管理计划的结构，并应遵循国防部部门的指南以确保格式的一致性。

四、项目管理

1. 顾问委员会：

（1）国防部各部门负责以下事项：

A. 成立应急管理指导组来指导部门内的大纲的执行。

B. 致力于向国防部应急管理指导组提出问题并采取行动解决问题。

C. 按季度或根据需要召开会议。

（2）更高级别的总部或非基地所属的司令部均由各自的国防部部门分配应急管理职责：

A. 成立应急管理工作组来指导司令部内的大纲的执行。

B. 致力于向各自部门的应急管理指导组提出问题并采取行动解决问题。

C. 按季度或根据需要举行会议。

（3）每个基地指挥官都要成立基地应急管理工作组，以指导基地内大纲的执行。

（4）顾问委员会要确认：制定与完善应急管理大纲有关的职能（参见章后附录）符合此版本和国防部部门的相关政策。

（5）顾问委员会至少要包括指挥官或指挥官的代表，应急管理大纲管理人员或协调员（如基地级别的应急管理人员），以及在应急管理大纲或保障应急管理的计划中承担责任的所有司令部、办公室、暂驻单位或机构的代表。顾问委员会的典型参与者如表1所示。

表1　顾问委员会的典型参与者

代表来源	人员	联络官来源
·反恐部门 ·应急部门，包括消防与应急服务部门以及急救部门（如果设立设置） ·执法与警卫部门 ·爆炸物处理部门 ·化生放核响应部门 ·安全及工业卫生部门 ·法律办公室 ·公共工程部门 ·后勤与供应部门 ·网络安全办公室 ·家属准备部门（社区、士气、福利和娱乐服务处①） ·灾难心理健康服务部门 ·残疾人非政府组织	·任务保证代表 ·医疗应急管理人员 ·公共卫生应急官员 ·公共卫生官员 ·气象学家 ·公共工程官员 ·牧师 ·设施或建筑管理员 ·特殊家属计划中负责家属保障的管理人员 ·兽医专家	·暂驻和下辖司令部，包括非国防部机构、国防部给养局各机构和商品零售部 ·东道国、州、部落、地方政府、私营公司、志愿组织和非政府组织，以及其他国防部部门合作方 ·设有地方办事处或服务处的联邦合作方，以及地方应急计划委员会

2. 应急管理大纲管理人员或协调员。负有应急管理责任的指挥官以书面形式指定的应急管理大纲管理人员或协调员（在战役级和战术级

① 译者注：社区服务处可就社区事务向军人家庭提供咨询和协助。

称为应急管理人员）负责以下事项：

（1）负责制定、实施、执行和维持保障司令部的应急管理大纲。

A. 在基地层面，基地指挥官以书面形式指定的基地应急管理人员负责以下事项：

a. 负责落实应急管理大纲中的任务和职能的参谋人员。

b. 与所有军种部、司令部、东道国、州、部落以及地方应急管理合作方协调基地内外的应急管理活动。

c. 作为基地指挥官以及其他特定领导与主管的应急管理事务高级代表。

B. 在暂驻单位层面，由各个暂驻单位指定的应急管理大纲管理人员或协调员负责以下事项：

a. 根据《美国联邦法规》第29编《劳工》第1910.38节“紧急行动计划”的规定，负责制订暂驻单位紧急行动计划。

b. 保障应急管理大纲的目标实现、活动开展和条款执行，包括参加训练、演习和保障行动。

（2）根据要求，在较高一级总部的应急管理工作组中担任代表，并负责各自的应急管理工作组。

（3）作为责任单位担任牵头行动官，负责所有对司令部有影响的紧急情况的应急规划与相关政策，以及特定下属单位的协调、整合与运行。

（4）收集应急管理资源需求并进行优先排序，以用于提交给直属上级总部的项目目标备忘录。

（5）制订与完善基地的应急管理计划，整合所有其他相关的基地计划以及应急响应计划。在满足所有要求时，以上计划可以合并到“全灾害”计划之中。

（6）与联邦、州、部落和地方政府，其他军种部以及东道国应急管理人员合作并进行协调，尽可能让应急管理计划实现最高水平的整合和互用。

（7）与基地内的医疗机构应急管理人员（按照医疗司令官的指示）、公共卫生应急官员和其他适当的公共卫生与医疗资源（例如，公共卫生联络员、预防医学和当地公共卫生机构）协调关于应急管理计划的意见（视情况而定）。

A. 根据国防部指示 DoDI 6200. 03《国防部范围内的公共卫生应急管理》开展医疗和公共卫生资源管理活动。

B. 检验医疗应急管理人员是否是基地应急管理工作组的实际参与者，并检验是否将暂驻单位或提供保障的医疗机构纳入到应急管理演习方案中。

五、大纲鉴定

应急管理大纲鉴定是一种由自我评估、文档编制和外部审查构成的质量保证过程，以确认该大纲是否符合国防部以及国防部各部门认可的法律法规、政策与共识标准。此过程可以利用现有的鉴定计划，例如美国国家海洋与大气管理局的风暴准备计划或美国国家标准协会认可的任何应急管理鉴定计划。

六、国防部专业应急管理人员认证计划

此认证鼓励应急管理专业人士提高职业发展能力，扩展应急管理专业技能，认证必备的知识与技能。国防部各部门必须鼓励应急管理人员寻求认证。

七、国防部应急管理审查计划

可根据国家和国防部特定的能力标准来验证人员身份、响应与恢复资源的成员属性（例如，隶属关系、技能水平和优先等级），并保障对这些关键资产的有效管理。

1. 审查可保障对事件现场进行有效的访问控制（允许适当的人员访问适当的位置），通过国家事故管理系统进行资源管理（将适当的能力与适当的任务相匹配），以及在组织之间共同采用经过核验的资格标准（将适当的技能与适当的工作相匹配）。标识要求须与现有的基地访问控制政策保持一致。

2. 在此版本发布后的 3 年内，负责保障的国防部助理部长必须根据国家事故管理系统《人员审查指导纲领》、联邦信息处理标准出版物 FIPSP 201－2《联邦雇员和合同商的个人身份验证》、国土安全第 12 号总统令 HSPD 12《联邦雇员和合同商通用身份识别标准政策》以及美国材料与试验学会 ASTM E2842－14《进入事故或行动地点的审查标准指南》中的指导，制订国防部应急管理审查计划。

3. 每个国防部部门都必须支持国防部应急管理审查计划的制订与实施。

4. 制订并实施国防部应急管理审查计划时：

（1）国防部各部门必须向下辖机构发布指导政策。

（2）司令官必须根据所属国防部门的指导政策开展审查过程。

附录　应急管理大纲的职能

国防部各部门必须确保基地应急管理人员根据此版本以及国防部部门的政策，执行以下与制定并修订应急管理大纲相关的职能：

1. 制定与完善受保护人员的概况。

2. 实施与完善人员的分类。

3. 执行应急管理大纲的实施计划。

4. 开展持续性风险管理流程。

5. 制订与完善基地应急管理计划。

6. 根据基地应急管理计划协调备灾活动。

7. 促进并保障个人与社区的备灾工作，包括国家备灾活动。

8. 将国家事故管理系统整合到规划工作与事故管理体系之中。

9. 保障国家事故管理系统的资源管理活动。

10. 与当地应急管理机构进行协调，包括当地的应急计划委员会（如适用）。

11. 在基地内协调并保障连续性以及风险管理计划。

12. 根据基地应急管理计划协调事故管理能力。

13. 协调暂驻单位紧急行动计划中暂驻单位的备灾。

14. 协调推进撤离管理和民众关怀能力的发展。

15. 协调事故前的恢复计划和备灾工作，包括用于损害评估的设施调查。

16. 审查训练和认证报告，以确保符合计划要求。

17. 审查演习和评估报告，以确保符合计划要求。

18. 审查事后报告、改进计划和纠正措施计划，以识别缺陷并按年度或按需更新。

19. 协调纠正措施计划的实施和完成。

20. 通过适当的国防部部门系统来保障准备报告工作。

21. 保障更高级别总部的评估工作。

22. 收集预算优先保障项目并验证其符合财务要求，并通过特定代表提交到项目目标备忘录流程之中。

23. 指导应急管理大纲发展的完全运行能力，并进行最终的应急管理大纲鉴定。

第四章　交叉备灾能力：计划

一、概述

1. 计划、公共信息预警与行动协调这三种交叉备灾能力适用于五个主要任务区。这些通用核心能力用于统一各个任务区，并且是其他核心能力取得成功所必需的。本节重点介绍计划能力的构成要素，包括训练、组织和装备，制定有效演习方案，评估方案的性能，改善人员分组。

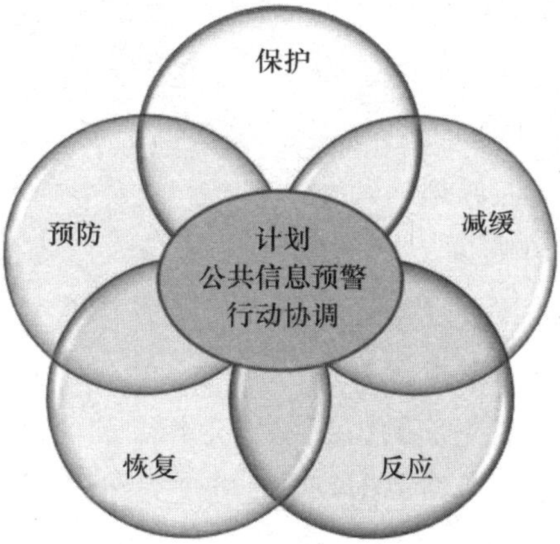

图1　交叉能力与任务区

2. 国家救灾响应框架和国家灾后恢复框架可促进计划、公共信息预警以及行动协调能力。应急管理大纲应在合理适用前提下尽可能与以上文件保持一致。

二、训练

有效的应急管理教育与训练方案要使用民用和国防部部门制定的训练课程以及教材，从而确认指挥官、应急管理资源、第一响应人、第一接收人、应急响应人员和基本群体所具备的能力水平。与应急管理相关的教育训练至少要包括：

1. 面向应急管理高级领导的情况介绍。向高级领导者提供实施应急管理大纲相关政策所需的知识，包括对所属的战略级和战役级应急管理大纲的总体概述，重点是下属司令部所进行的减灾、备灾、响应和恢复行动。高级领导者在上任之初以及之后的每两年，都要参加由国防部部门组织的训练。

2. 应急管理人员的训练。训练需满足对应国防部部门规定的训练要求，包括负责监督和实施应急管理大纲、计划以及行动的基地应急管理人员的审查认证计划方案。

3. 基地应急运营中心的训练。训练需满足相应的国防部部门规定的训练要求，包括为基地应急运营中心、医院指挥中心以及作为国家事故管理系统多部门协调系统组成部分的保障部门行动中心提供保障的所有委任人员的审查认证计划。

4. 应急响应人员的训练。所有第一响应人、委任的第一接收人和应急响应人员，都必须接受与国家事故管理系统匹配、符合国防部部门训练计划的相应事故应急指挥系统的训练。针对任务训练（例如专业消防、急救与应急医疗服务）的组织工作是相关国防部部门的责任，这些训练包含适用的职业安全与卫生管理局标准、相应的美国消防协会标准以及其他相关标准。所有经确认并被委任承担应急管理职能任务的人员，必须根据国防部部门相关指示要求就被委任的职位开展训练与认证。第一响应人、指定的第一接收人和应急响应人员的在美国本土以外开展训练，必须根据相应协议（如部队地位协定），确保与对应的东道国第一响应人以及接收单位的融合。

5. 应急调度或应急通信中心操作员的训练。所有承担紧急电话接听和调度责任的应急调度或应急通信中心人员，必须按照国防部部门规定的要求，就所承担的职责开展训练与认证。

6. 社群意识。向所有隶属人员及家属提供应急管理社群意识和应急备灾相关信息，并开展相关教育。以上活动的频率为每年一次，或可根据当地的危险和威胁情况提高频率。根据《美国法典》第 29 编《劳工》第 504 节“禁止某些人员任职”、第 508 节①与第 794 节“联邦拨款和项目下的非歧视”和第 794d 节“电子与信息技术”以及《公法》101－336 号《1990 年美国残疾人法》，必须以可访问的格式向所有人员提供社群意识和应急备灾信息。

7. 新设备训练。根据军种部的政策和程序，承担应急管理责任且需要使用新部署设备的人员必须进行训练。

8. 国土安全演习与评估大纲。必须尽可能使用国土安全演习与评估大纲设计、开展和评估演习活动。所有承担设计、开展或评估应急管理职能任务的演习与评估团队成员，都应接受符合国土安全演习与评估大纲的训练。

9. 民众关怀、撤离管理和恢复训练。给所有特混编组分配应急管理资源，用于民众关怀、撤离管理、伤员管理、洗消、损伤评估、结构评估、废墟管理、死亡事故管理、快速需求评估以及其他响应和恢复任务，相关人员必须达到国防部部门规定的所委任职位的训练要求。

10. 追踪与报告。每个职能领域的负责人都要跟踪人员训练情况。依照国防部指令 DoDD 7730. 65《国防部备灾报告系统》进行报告，并且可以通过国防部特定部门的政策与程序进行补充。

三、组织与装备

确定应急响应保障能力所需资源的类型和数量至关重要。应急管理人员在风险管理活动中应考虑优先级事项、响应能力水平与所确认的危险、威胁以及漏洞等因素。并非所有基地需要的资源类型或数量都会相同。使用足够灵活的流程来满足特定基地的需求，确定每个基地的资源需求，与此同时将应急响应能力标准化，提供具有成本效益的解决方

---

① 译者注：最新的《美国法典》第 29 编《劳工》没有第 508 节。

案，为每个基地提供最低充分应急管理能力。如果情况允许，应考虑使用与联邦、地区、州、部落、地方政府、志愿组织与非政府组织、私营企业或东道国合作方达成的保障协议来弥补资源缺口。根据既定的资源管理指导纲领，组织并管理所有资源，包括人员、服务、物资和设施。

1. 设备标准。设备标准包括用于满足设备要求的政府现货和商业现货解决方案。

（1）用于危险品检测、影响抵消与危害消减的政府现货与商业现货，其采购、维护、使用和盘存均要符合《公法》103 – 160 号《1994 财年国防授权法案》、适用的化学生物防御联合计划、联合要求办公室、化学生物防御联合计划执行办公室以及军种部/军种的指导意见。

（2）第一响应人、第一接收人和应急响应人员穿戴的个人防护装备必须符合行政命令 EO 12196《联邦雇员职业安全与健康大纲》、职业安全与健康管理局条例、美国消防协会标准、国家职业安全卫生研究所的纲领，在可能的情况下，还必须符合国防部指令 DoDD 4715. 1E《环境、安全与职业健康》、国防部指示 DoDI 6055. 01《国防部安全与职业健康大纲》和国防部指示 DoDI 6055. 05《职业与环境健康》。

（3）国防部化学和生物防御非标设备评审委员会就选择哪些危险品商用现货设备提供意见。根据要求完成商用现货设备是否可供军种部使用的验证。

（4）政府现货与商用现货设备可用于针对自然、技术以及蓄意的危险和威胁的各种减灾、响应与恢复行动之中。必须按照制造商的说明书维护所有设备，包括储存和维修要求，以及对已认定的操作人员和系统管理员的训练要求。

2. 全寿命周期管理。基地指挥官必须：

（1）依照设备的指定寿命周期进行设备补充与报废。

（2）确保为设备的维护和问责提供足够的资金，包括保障训练、资格认证、设备升级与更换，以及所有受管控基地内所需的消耗品保障。

3. 设备互用性。如果情况允许，基地应急管理设备应该与联邦、地区、州、部落、地方政府、志愿组织和非政府组织、私营企业或东道国合作方使用的设备具有互用性。

4. 资源管理。资源管理包括协调和管理工具、流程和系统的应用，以在紧急情况下为应急管理人员提供及时和适当的资源。所有应急管理大纲都将使用基于国家事故管理系统的资源管理流程，以协调应急管理资源的确认、优先事项和分配。基地指挥官必须：

（1）制定资源管理目标和流程，以解决以下问题：

A. 应急管理人员、设备、训练、设施、资金、专家知识、物资、技术、信息、情报，以及需要这些资源的时间表。

B. 与资源使用情况相关的数量、响应时间、能力、容量、局限性、成本和责任。

C. 对应急管理大纲至关重要的资源和伙伴关系协议（例如，互助协议、谅解备忘录、协议备忘录）。

（2）实施资源管理程序来查找、获取、存储、分发、维护、测试和记录为应急管理大纲采购或捐赠的服务、资源、物资与设施，至少涉及以下事项：

A. 制定描述、申请、跟踪和清点资源的流程。

B. 在事故发生之前和期间启动这些流程。

C. 在事故发生之前和期间调度资源。

D. 在事故发生期间或之后停用或召回资源。

E. 根据美国消防协会 NFPA 1600《灾害/应急管理和业务连续性方案/行动连续性标准》制定关于资源短缺的应急规划。

（3）实施国家事故管理系统资源分类程序。该程序提供了一个统一的流程，用于按资源的类型与种类来标识、清点和管理资源。鼓励在应急管理大纲中使用国家事故管理系统资源分类程序来管理应急管理计划中确定的建制资源，并尽可能管理外部资源。鼓励国防部机构为资源分类与资源管理活动提供标准化的政策指导。更多信息，包括国家事故管理系统资源分类库工具，可从联邦应急管理局网站获取。

四、制定有效的演习方案

基地指挥官必须按照国防部部门的指导来制定演习方案，并制定每年更新一次的多年期演习方案（时间表），以提升方案的合理性与执行效果。演习必须：

1. 评估并验证应急管理能力，明确和熟悉人员的角色与职责，加强 机构间的协调与沟通，突显能力差距，并确定改进的时机。

2. 根据确定的危险和威胁的出现风险，包括具有级联效应①的事故，演练并评估多部门、多学科和多辖区紧急情况。

3. 让基地应急运营中心相应领导与决策者参与进来，在情况允许的适当时机，让保障部门行动中心的人员也参与进来。在适当时机，还要引入联邦、地区、州、部落、地方政府、志愿组织和非政府组织、私营企业和东道国合作方的领导人。

4. 评估应急管理计划和应急管理能力的以下组成部分：

（1）启动当地保障协议。

（2）实施内部（例如，基地人员、暂驻组织）和外部（例如，高级总部、联邦、地区、州、部落、地方政府、志愿组织和非政府组织、私营企业或东道国合作方）事故报告协议。

（3）警报协调、群体性警报通知以及应急公共信息。每年必须至少对群体性警报通知系统进行两次演练，以验证个人联系信息的准确性和通知系统的有效性。

（4）指挥、控制与通信能力。

（5）撤离管理与民众关怀行动。

（6）就地避难和封锁。

（7）第一响应人、第一接收人和应急响应人员的行动。

（8）医疗、兽医、公共卫生响应与恢复行动，包括灾难心理健康和群体性伤亡管理。

（9）行动连续性能力。

（10）暂驻单位紧急行动计划的启动，以及与基地应急管理计划的整合。

（11）宗教支援响应。

（12）使用基地外设施的紧急行动计划。这些计划必须至少每年进行一次演练，并在可行的情况下，与提供保障的地方响应部队进行

---

① 译者注：级联效应是指由一个动作影响系统而导致一系列意外事件发生的效应。

协作。

5. 根据符合国土安全演习与评估大纲的多年期演习方案，开展应急管理演习。

五、评估和提升大纲的效果

1. 演习和真实事件必须包括一个全面且客观的评价过程。在演习期间以及结束后，评估小组、职能机构参与者和领导层要评估相关能力的效果、找出不足之处，并撰写事后报告。演习评估小组负责以下事项：

（1）拥有足够的人员以及必要的资源来定期评估应急管理演习。

（2）使用全灾害应急管理方法，评估紧急情况的响应能力以及灾后恢复的能力。

（3）根据军种部/军种政策开展训练与认证，至少达到当前的评估级别。

（4）愿意接受国土安全演习与评估大纲从业者训练。

2. 应急管理大纲必须包括事后报告，以涵盖纠正措施。在每次演习或真实事件结束时，国防部基地要对应急管理行动参与者和观察者进行一次正式的评审。对这些行动的评估包括执行的成功之处、取得的成果、经验教训和需要改进之处。作为评估的结果，需编写事后报告：

（1）事后报告包括改进做法的具体建议、执行时间表和需完成的工作。

（2）事后报告完成后，还要制订并实施纠正行动计划，并将结果纳入年度应急管理计划的审查与更新过程之中。

（3）事后报告至少要保留三年。

六、人员分类

1. 国防部各部门必须确立一个全面的全灾害人员分类流程，以协助为应急管理大纲以及与保护相关的大纲制定有效且可持续的保护策略。有效的人员分类将统一以下活动：

（1）根据目标群体的需求制定群体性警报通知、应急公共信息、撤离、民众关怀和恢复策略。

（2）提供给第一响应人和应急响应人员的有限响应与恢复训练、设备以及演习资源。

2. 在进行文职人员分类时，国防部各部门必须考虑国防部指令 DoDD 1400. 31《国防部文职人员应急计划及执行》和国防部指示 DoDI 1400. 32《国防部文职人员应急计划指导方针和程序》。国防部指示 DoDI O－2000. 16《国防部反恐大纲的实施》与国防部指示 DoDI 3020. 52《国防部设施核化生爆备灾标准》提供了涉及核、生、化、放射性与大威力爆炸武器的人员分类指导。

第五章　交叉备灾能力：公共信息预警

一、概述

确保向国防部人员和公众提供关于危险与威胁的准确可靠且可行的信息，这对备灾的各个方面都至关重要，同时强调公共信息预警能力需要保障5个备灾任务领域——预防、保护、减灾、响应和恢复。

二、应急通信

所有应急管理大纲必须形成全面集成且可互用的应急通信能力，并包含一份经批准的通信计划。

三、持续警告点

所有应急管理大纲必须指定一个持续警告点来接收紧急警报信息，并传送给指挥、控制与通信节点以及人员。

四、增强型911

在技术上可行时，通过国有与官营或者民政当局的保障，所有的基地都必须具备带有记录功能的增强型911服务。国防部所有的增强型911系统必须包括接收以下信息的能力：

1. 直接来自于基地内固定电话的增强型911呼叫。
2. 随着技术日趋成熟，来自无线服务供应商的增强型911呼叫。
3. 准确的物理位置数据，包括符合国家紧急情况号码协会要求的适当街道地址或经纬度。对于来自非地理空间特征附近（如建筑物特征边、街道中心线等）的偏远地区的无线呼叫，必须包含经纬度。

五、群体性警报通知

1. 国防部必须致力于拥有唯一的全国防部范围的群体性警报通知系统。该系统能够及时发布可能会危及受保护群体以及国防部基地内外的警报与警告，从而有时间采取适当的防护措施。

（1）必须在事故通知发布和核实后的 2 分钟内向受影响的国防部人员发出立即采取行动的警报通知，而无需考虑战区内国防部部门的隶属关系。

（2）在启动后的 10 分钟内，群体性警报通知系统必须覆盖 90% 的目标受众或更广泛的受保护群体，并提供保护措施的具体建议（群体性警报）以及 100% 的已分配应急管理资源，其中包括第一响应人、第一接收人和应急响应人员（通知）。

（3）在启动后的 1 小时内，群体性警报通知系统应 100% 覆盖受保护群体。

（4）程序和流程的设计应尽可能将通知所需的时间缩减至最短，以便有尽量多的时间采取必要的保护措施。

（5）在拨打 911 与当地应急响应部队取得联系后，由非基地人员发出的警报通知（例如，胁迫、现场报告）应尽量在事故核实后的 2 分钟内发出。

2. 群体性警报通知能力的组成包括可见信号、声音或警笛、固定电话或无线电话呼叫、智能手机应用程序、短信、基于计算机的通知或其他必要的通信方式的多模态混合。在使用智能设备（如平板电脑、手机）的地区，群体性警报通知系统必须具备一种能力（如移动应用程序），允许本地警报启动、地理区域作战司令部通知以及紧接着的 911 自动拨号。

3. 群体性警报通知解决方案所覆盖的受保护群体被划分为主要群体和次要群体。

（1）主要群体。国防部的所有军事和文职人员以及合同保障人员，如果他们的日常工作地点是国防部基地或国防部使用设施（即“国防部徽章持有者”），那么都会被视为主要群体的一部分。

A. 群体性警报通知系统必须能够在本文列出的时限内，向主要群体发出警报通知并获得关于收到通知的确认。

B. 由于发布的信息事关生命安全，以及立即提供警报与警告的要求，因此主要群体必须确保自己的个人联系方式，包括下班后的联系方式（例如个人手机号码或座机号码）、电子邮件地址、家庭住址等被输入到系统之中，定期更新或每隔 90 天进行一次验证，以保持及时性和准确性。

C. 大力鼓励使用智能设备（例如，平板电脑、手机）的人员启用定位服务，以确保在特定战区内及时发送警报与警告。群体性警报通知系统不会跟踪个人位置或保留数据记录。

（2）次要群体。与主要群体有关的家庭成员、宾客、来访者和其他可能受到影响的人员被认为是次要群体。

A. 群体性警报与通知系统必须能够在本文列出的时限内，向次要群体发出警报通知。

B. 大力鼓励次要群体提供个人联络方式，包括个人手机号码、座机号码（如有）和电子邮件地址等。

4. 通过与国防部各部门、国防部首席信息官以及任务保证协调委员会合作，负责保障的国防部助理部长必须制定标准化的业务规则与流程，以便向受保护群体及时分享统一的警报通知，而无需考虑国防部部门的隶属关系。业务流程必须对向哪些战区或地区提供警报、何时提供警报通知、由谁提供以及其他相关流程加以界定。

5. 在许多情况下，特别是对于位于国防部基地外的人员而言，当地的非国防部应急响应部队将为国防部人员提供至关重要的（也可能是唯一的）保障。群体性警报通知系统应与当地非国防部应急响应部队进行整合并无缝共享信息，以便在最大程度上合理提高响应速度。

6. 鼓励所有人员，特别是那些位于基地之外的人员，注册当地可用的社区警报系统以及突发新闻应用程序，以提高对可能影响其所在社区的危险和威胁的了解。

第六章　交叉备灾能力：行动协调

一、概述

行动协调是另一种交叉备灾能力，以保障 5 个主要备灾任务领域：预防、保护、减灾、响应和恢复。

二、政府间协调

在适当的情况下，所有应急管理大纲与其他联邦部门和机构、州、部落和地方政府、其他国防部部门或东道国应急响应机构和部门开展计划的协调时，要根据国防部指示 DoDI O－2000. 16《国防部反恐大纲的实施》、国防部指示 DoDI 6055. 06《国防部消防与应急服务大纲》和国防部指示 DoDI 6200. 03《国防部范围内的公共卫生应急管理》进行，且与美国消防协会 NFPA 1600《灾害/应急管理和业务连续性方案/行动连续性标准》保持一致，确定并更新负责的联络点、紧急协议，以及对国防部基地中的事故或影响的预计。机构间的协调应包括信息共享、资源管理、通信、事故管理，以及对潜在的危险或威胁进行早期预警的能力。

1. 保障协议。根据国防部指示 DoDI 4000. 19《保障协议》，基地指挥官要制定与联邦、地区、州、部落、地方政府、志愿组织和非政府组织、私营企业或东道国合作方（包括应急管理机构、应急服务机构、其他响应与恢复伙伴方）的保障协议，或就协议提供意见。这些保障协议包括互助协议，或者以协议备忘录、谅解备忘录、军种间保障协议或保障合同（包括保障基地所必需的预防事故合同）形式制定的其他保障协议。基地法律顾问要协助保障协议的准备工作，并在所有保障协议执行前开展法律审查。当基地存在保障协议时，基地应急管理人员必须：

（1）不断更新所有与应急管理相关的保障协议列表。

（2）将保障协议整合到应急管理计划之中。

（3）当验证主责办公室是否至少每年以及在保障协议中的要求无法满足时，对与应急管理相关的保障协议进行审查和记录。以上审查将会导致保障协议的延续、修订或取消。

（4）在基地演习中执行的各种演习保障协议，每年至少要落实各协议的部分内容。

2. 民政当局国防支援。民政当局国防支援行动和应急管理大纲活动可能同时发生，需要对相关要求进行协调并消除冲突，以确保资源得到合理的使用，满足最紧迫的需求。包括即时响应权限在内的民政当局国防支援响应行动，必须依照国防部指令 DoDD 3025. 18《民政当局国防支援》和国防部指示 DoDI 3025. 21《民政执法机构国防支援》进行。

3. 美国以外的基地。位于美国境外及美国领土和领地以外的所有基地，都必须与被保障的地理作战司令部指挥官协调相关工作，以符合地理作战司令部指挥官的指示，还要与国务院有关官员以及东道国进行协调（必须根据国防部指令 DoDD 5530. 3《国际协定》谈判和缔结协定）。

4. 互用性。应急管理大纲应与民间互助社区或东道国的应急管理工作保持一致，以提供高效的应急响应。互用性可提高机构间的协调合作以及对应急管理的全方位参与。互用性包括完成任务所需的技术信息交换以及信息交换的端到端使用效果。信息交换必须与信息保证①保持平衡。

三、应急公共信息

机构间协调的一个关键点是确保向公众（包括国防部基地以及使用设施中的所有人员）提供一致的应急公共信息。应急管理大纲负责通过

① 译者注：信息保证指通过确保信息与信息系统的可得性、完整性、真实性、可信性和无可辩驳性来保护信息与信息系统，包括提供防护、探测和响应能力，使信息系统得以恢复。

包括群体性警报通知系统、社交媒体、电视、商业广播、媒体服务以及类似系统在内的多种途径，在事故发生之前、期间和之后，向受保护的群体提供及时准确且可验证的应急公共信息。应急管理大纲必须制定、测试、演练并评估一个及时有效且多模式的预警协调流程，以便向包括暂驻组织在内的受保护群体提供有效的应急公共信息。应酌情利用一切可用手段，与受影响社区内的应急响应资源和利益相关方及时沟通相关信息。在预防、保护、减灾、响应和恢复这五个主要备灾任务领域中持续不断地传播应急公共信息，有助于提高情势感知和社区韧性①，信息传播应持续到恢复行动完成为止。

① 译者注：社区韧性是指在面对各类事故或灾害事件时，社区能够有效利用各种资源用于灾害预防、应对、抵抗和恢复的整个过程中，表现为社区的自组织、自适应和自我恢复能力。

第七章　预防与保护

一、概述

预防和保护活动旨在按照国家防灾框架和国家保护框架，防范、预防、避免或制止潜在的恐怖主义威胁、自然灾害或者其他危害。

二、探测、监视和情报

初始事故会产生一个触发点，以启动一系列响应措施。触发点的产生可能是由于社区呼叫应急调度中心或应急通信中心；实际观察到的紧急情况；气象、地震或其他灾害预报数据；部署的探测设备的感知信息；症候群监测分析数据；或情报分析数据。虽然基地中部署的探测设备类型可能有所不同，但基地至少要拥有以下能力：

1. 健康威胁监视。基地指挥官必须确定基地中或可供基地使用的相关医疗、兽医与公共卫生信息的来源（例如，医疗机构、公共卫生应急官员、公共卫生官员、实验室或医疗指挥人员），以便：

（1）监视相关的卫生监测系统的运行（事故发生之前、期间和之后）。

（2）必要时，与国防部内（例如武装部队卫生监视处和国家医学情报中心）以及联邦、州和地方公共卫生当局的相关计划进行对接。

2. 情报共享与传播。基地必须识别国防部内外的诸多信息和情报来源（例如，普通民众、军事情报部门、国家情报机构、地方和东道国情报执法部门），并证实情报信息的真伪。只能与有情报接收权限的组织共享情报信息。

第八章　减灾措施

一、国家减灾框架

国家减灾框架所包含的信息有助于基地指挥官通过确认所有计划制订与决策形成过程中的风险来构建备灾减灾文化。这些工作通过为保护和防灾活动提供保障、减少救灾响应工作量并加快灾后恢复速度，来帮助减少灾害的影响，从而创建准备更充分且更具韧性的社区。

二、社区概况

社区概况可以让基地指挥官了解需要保护的群体和设施。这包括对人口统计信息、人员分类、基础设施和基地分区的评估，以确定资源并进行优先排序和合理分配。

1. 在军种层面，社区概况涉及识别基地与使用设施以及相关暂驻单位，并确定它们的优先次序，以便在财政资源有限的情况下最大化备灾效益。

2. 在总部层面，要根据总部本级或上级总部（例如作战司令部）的任务要求制定专门的社区概况，以识别应急管理活动并确定其优先次序。

3. 在基地层面，社区概况需对社区的人口分布情况、基础设施、要求和资源进行全面审查。

三、风险管理

1. 风险管理：

（1）涉及应用标准化流程来识别、评估和管理风险，并使决策能够平衡风险、成本和任务要求。

（2）让司令官可以决定如何最好地利用所配置的资源来降低风险，或者在情况允许的情况下确认风险。

（3）流程制定以及必要的评估工作要根据国防部部门的指导，在所有应急管理工作组成员的积极参与下，与其他相关组织合作进行。

2. 在更新或审查应急管理计划之前，每年要实施并验证此版本中所述的风险管理流程。尽管此流程每年执行一次，但任务、威胁、危险和漏洞随时可能会改变，这可能需要重新进行风险评估。评估结果以及随后的风险计划是完善应急管理大纲、确定优先考虑事项、制订项目计划和资源分配的依据基础。

3. 风险管理包括风险评估和减灾计划两个核心活动。风险管理流程会用到基地、国防部部门和国防部级别的现有流程和保护计划。识别、评估和处理风险是一种涵盖多种评估的综合过程，其中包括：

（1）风险评估。风险评估涉及收集并评估3个核心领域的数据：

A. 关键性评估。关键性评估识别的是保障国防部任务、单位或活动的关键资产以及基础设施，该评估被军事指挥官或文职机构管理人员视为对任务起到关键作用的活动。关键性是资产损失的后果，其依据是资产的失效或毁坏将对国防部行动以及国防部完成任务能力的影响。关键资产可以是人、实体或信息。关键资产可以位于美国境内或境外，由国防部或非国防部的国内、国外、公共或私营部门组织雇用、所有或运营。指挥官的优先事项和意图决定了哪些是关键资产。指挥官必须按照国防部指示 DoDI O－2000. 16《国防部反恐大纲的实施》和国防部指示 DoDI O－3020. 45《国防关键基础设施计划管理》以及联合出版物 JP 3－07. 2《反恐》开展关键性评估。国防部指示 DoDI O－2000. 16《国防部反恐大纲的实施》要求每年至少进行一次更新。

B. 全灾害威胁评估。风险管理流程的执行取决于对国防部司令部和基地在运行与执行任务时所处的危险和威胁环境的评估结果。全灾害威胁评估流程包括确定一份全面的危险与威胁清单，并确认出现这些危险与威胁的可能性。全灾害威胁评估流程：

a. 由基地应急管理工作组编制，并要与基地威胁工作组进行协调。应该在熟悉当地条件和任务要求的人员的积极参与下开展全灾害威胁评估。

b. 使用联合全灾害威胁评估方法来确认事件发生的概率。国防威胁压制局与国防部其他部门密切合作来制定威胁等级分类标准。

c. 使用表 2 中定义的高、明显、适中和低分类标准。

表 2　危险与威胁等级类别和定义

排名	评分	定义
高	0.81—1.0	表明资产或资产的所在区域面临迫在眉睫的危险或威胁 ·已识别的威胁具备能力和意图，而且历史记录也表明资产或类似资产频繁或经常被当作目标 ·具有明确的历史记录表明，已识别的危险会频繁发生于资产的所在地区或区域
明显	0.51—0.80	表明资产或资产所在区域面临无可置疑的危险或威胁 ·已识别的威胁具备能力和意图，而且历史记录也表明资产或类似资产目前或曾经偶尔会被当作目标 ·具有明确的历史记录表明，已识别的危险会偶尔发生于资产的所在地区或区域
适中	0.21—0.50	表明资产或资产的所在区域面临潜在的危险或威胁，也表明危险或威胁具有显著的能力，但意图不明显或当前无意图，但意图在特定条件下可能会发生变化，相关历史记录很少或没有明确的历史记录 ·就已识别的威胁而言，存在一定的意图的迹象，但几乎没有证据表明此类威胁当前具备能力或有发生的历史记录；有证据表明，威胁能够从其他来源获得能力；已识别的威胁表现出显著的能力，但几乎没有证据能表明目前具备意图，且历史记录很少或没有明确的历史记录 ·具有明确的历史记录表明，已识别的危险较少发生于资产的所在地区或区域
低	0.01—0.20	表明资产或资产的所在区域几乎不会面临危险或威胁，或者没有可信的相关证据 ·就已识别的威胁而言，几乎不存在或根本没有关于能力或意图的可信证据，资产或类似资产也没有明确的面临威胁的历史记录 ·几乎没有或根本没有历史记录表明，已识别的危险存在于资产的所在地区或区域

d. 使用最权威数据源来确定既定危险或威胁发生的概率。

e. 由对基地具有管辖权的当局官员来批准（例如，联队长、基地指挥官）。

f. 每年进行审查，并在高级总部评估期间开展审查。

g. 识别并描述危险与威胁。确认具体的危险与威胁，包括自然事件、人为事件（意外和故意）或技术原因引起的事件，以及可能会影响人员、资产和任务要求的其他危险与威胁。危险与威胁示例参见表3。

表3　国防部应急管理危险与威胁识别表

危险分类	危险
地质灾害	地震、海啸、山体滑坡、地面塌陷、火山喷发、雪崩
气象灾害	龙卷风、热带气旋（包括热带风暴、低气压、飓风和台风）、风暴潮、洪水、山洪、风灾（每小时超过50节或58英里）、雷电、冰雹、雪灾、结冰、干旱、极端温度（高温与低温）、空间天气、气候变化影响
健康危害	暴发性、蔓延性或大流行的传染病，有毒物质或毒素，受污染的食物或水，职业事故或职业暴露①
火灾危害	结构性火灾、工业性火灾、野外火灾、城市火灾
危险品泄漏	化学、生物、放射性、核反应堆
交通事故	航空、海洋、铁路、机动车辆
结构失效	建筑物、隧道、桥梁、道路、跑道、大坝、码头、塔楼、矿井、地沟、竖井
基础设施或公用设施受损	电力、网络、电信、饮用水、废物管理、燃料
威胁分类	**威胁**
恐怖主义	武装攻击、袭击、人质扣留、爆炸、核化生爆攻击、劫持、绑架、网络攻击
枪击行凶	在密闭的人口密集区随机或蓄意射杀
犯罪	暴力和非暴力、烈性毒品、帮派、纵火
民事骚乱	暴乱、攻击、抗议、社会动荡、破坏公物

*所列危险与威胁只是示例，并不包括所有类别；在总统政策指令PPD－8《国家备灾》的保障下，战略性国家风险评估会定期更新国家危害与风险情况。

h. 考虑所有已知或预计的自然、技术和人为造成的危险与威胁，

① 译者注：职业暴露是指由于职业关系而暴露在危险因素中，从而有可能损害健康或危及生命的一种情况。

包括恐怖分子所具备的危害能力以及发生非敌对事件的可能性。危险与威胁评估流程不仅限于历史事件，还应包括社会变迁、全球化和气候变化所导致的不断变化的危险与威胁环境。

i. 酌情与联邦、州、地方执法部门和附近的其他军事基地合作，对情报界提供的威胁信息进行整合。

j. 根据联邦应急管理局的综合备灾指南 CPG 101《制订与完善紧急行动计划》，酌情整合来自联邦、地区、州、部落、地方政府、志愿组织和私营行业协会的危险信息。

k. 评估每种危险与威胁发生的可能性。

C. 漏洞评估。漏洞评估要与任务保证计划以及其他与保护相关的计划协调展开。漏洞评估流程涉及确定资产的特征，这些资产可能因遭受一种或多种威胁或危害而降级或受损（无法完成指定的职能）。漏洞评估使用的是国防部任务保证评估基准或相应的国防部部门基准。漏洞评估的目标是：

a. 确认并评估基地、使用设施、人员和资产的全部安全漏洞，包括所有已确认关键资产的漏洞。

b. 使已确认的基地、使用设施和资产的安全漏洞对应于特定的危险与威胁。

c. 确认安全漏洞的等级。

（2）减灾计划。减灾行动方案可包括在事前、之后或接到警报后执行的减灾措施，还应包括详细的能力评估方案，以确定可用于计划、响应以及从事故中恢复的资源和能力。

A. 应急管理大纲负责建立并保持基地的备灾文化。要尽早将基地领导和受保护群体纳入风险管理流程之中，经常为个人和基地层面的决策提供信息，并培养社区的韧性。

B. 减灾应是风险驱动。基地不应等到事故发生后才开始采取措施去减少此类事件的发生。减灾计划应基于事故的潜在风险。

C. 减灾措施应涉及所有主要的社区保障系统，包括了解当地经济、现有卫生与社会服务、住房、基础设施以及自然文化资源。减灾不仅仅涉及建筑物的抗震设计或避免漫滩筑建，还包括建立一个具备全面韧性的社区。

D. 减少安全漏洞是减灾措施的一个关键组成部分，需要评估危险与威胁出现的风险、分析降低风险的能力，以及采用减少安全漏洞的做法。需要致力于长期计划与投资来减少长期安全漏洞。

E. 能力评估包括根据保障职能领域的一体化物资与非物资准备情况来确定当前的能力水平。能力评估将所需能力与现有能力进行比较，现有能力可来自于建制内、共享或外部，并确定需解决的能力差距（需求），以减少某一具体危险或威胁对整个基地或某一具体资产、职能或任务的影响。能力评估方案用于制定基于司令部响应能力的行动方案，以作为风险降低计划的一个组成部分。能力评估的目标是：

a. 考虑已确定和预计响应能力的范围和优先次序，这些能力对于应对所有已确定的危险和威胁并从中恢复具有必要性，要包括的评估主题有计划、组织、人员配置、训练、装备配备、演练和对所有资源的评估等。

b. 按类型、种类和数量罗列资源，包括暂驻司令部和非国防部组织的资源，还要包括那些通过与国家、部落、地方政府、私营部门、志愿组织、非政府组织或东道国合作方建立保障协议而可使用的设备和资源。

c. 评估针对特定后果的响应与恢复能力，这些评估可归纳出每一种能力的计划、人员配置、训练和设备要求。能力评估至少应涉及：可互用的通信；应急调度；事故应急指挥；应急管理；应急运营中心的行动与管理；应急公共信息；群体性通知；疾病控制的应对；群体性伤亡的响应；火灾对建筑结构破坏的应对；野外与森林火灾的应对；水上救援；密闭空间救援；城市搜索与救援；绳索救援；进攻性和防御性危险品的应对；简易爆炸装置的应对；安全部队的响应；人质与路障的应对；封锁；就地避难；撤离管理与民众关怀服务；灾后恢复行动。

F. 执行能力评估的五大基本支柱如图 2 所示。

a. 能力评估流程使用经基地批准的全灾害威胁评估方法来协助基地指挥官识别能力欠缺并做出风险决策。

b. 基地需要在其年度风险管理流程中审查并更新能力评估方案，或者在潜在的危险、威胁或基地能力出现重大变化时增加审查和更新的频率。

c. 威胁、危险以及相关能力所构成的矩阵可用于确定响应能力的高低，这种能力即基于全灾害威胁评估方法来的响应基地危险或威胁后果的能力。在确定了危险和威胁，且分析了基地能力之后，将这些信息组合成矩阵形式有助于增强认知能力并提高决策水平。

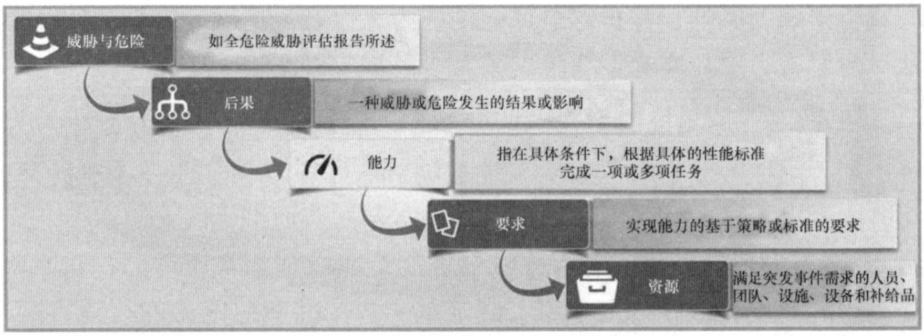

图2　能力评估方法

d. 能力评分类别区分为非常强、强、部分强和不强。

4. 韧性和可持续性是减灾的最终目标，风险意识文化的创建可以促进社区韧性。向基地人员和领导层提供明确、一致的危险及威胁风险信息，以及落实家庭备灾计划与备灾训练，有助于在基地所在社区内建立可持续的关系。

表4　威胁、危险以及相关响应能力矩阵示意图

危险与威胁	响应能力																						
	可互用的通信	应急调度	事故应急指挥	应急管理	应急运营中心的行动与管理	应急公共信息	群体性通知	疾病控制的应对	群体性伤亡的响应	飞机火灾的应对	火灾对建筑结构破坏的应对	野外与森林火灾的应对	水上救援	密闭空间救援	城市搜索与救援	绳索救援	进攻性和防御性危险品的应对	简易爆炸装置的应对	安全部队的响应	人质与路障的应对	封锁	就地避难	撤离与民众关怀服务
威胁																							
恐怖主义																							
恐怖分子使用化生放爆																							

续表

危险与威胁	响应能力																						
	可互用的通信	应急调度	事故应急指挥	应急管理	应急运营中心的行动与管理	应急公共信息	群体性通知	疾病控制的应对	群体性伤亡的响应	飞机火灾的应对	火灾对建筑结构破坏的应对	野外与森林火灾的应对	水上救援	密闭空间救援	城市搜索与救援	绳索救援	进攻性和防御性危险品的应对	简易爆炸装置的应对	安全部队的响应	人质与路障的应对	封锁	就地避难	撤离与民众关怀服务
枪击行凶																							
路障/人质																							
民事骚乱																							
危险																							
地质灾害																							
地震																							
海啸																							
山体滑坡																							
气象灾害																							
台风																							
热带气旋																							
洪水																							
风灾																							
雷电																							
自然灾害及疫病																							
会影响人类健康的疾病																							
意外/人为事故																							
危险品释放																							
飞机事故																							
火车事故																							
结构性火灾																							
火灾（野外/森林）																							

表5　危险与威胁评分类别和定义

能力评级	评级定义	评分
非常强	职能领域具备完成指定任务所需的计划、资源和训练	0.81－1.00
强	职能领域具备完成大部分指定任务所需的计划、资源和训练	0.50－0.80
部分强	职能领域具备以减配的能力完成部分（多项但不是全部）指定任务所需的计划、资源和训练	0.21－0.49
不强	由于在计划、人员配置、训练和设备等方面存在明显的局限性，职能领域需要额外的计划、资源和训练来执行指定任务	0.00－0.20

第九章　响应

一、概述

美国国防部致力于有效响应各类事故，以在全美国范围内挽救生命、保护人们免受其害，并减轻财产损失。

二、响应措施

基地指挥官要制定全灾害突发事故响应管理措施，这些措施要与国家事故管理系统、国家规划框架、职业安全健康局与环保局的法规、美国消防协会标准以及其他相关法律法规、政策和共识性标准保持一致。事故响应措施负责以下事项：

1. 保障对基地内的人员、基础设施、环境和所承担任务的全面保护。

2. 保障事故现场的事故指挥机构或统一指挥机构。

3. 依照国防部指令 DoDD 3025. 18《民政当局国防支援》，可能包括保障民政当局。

三、响应能力

1. 指挥、控制与通信响应。基地指挥官要提高一体化事故的综合管理能力；具有互用性和韧性的应急通信能力；维持群体性警报通知与应急公共信息的多模态、冗余且协调的能力；使用全灾害事故报告程序。

（1）事故管理。国防部基地要采用国家事故管理系统，以管理对

（可能）影响基地紧急情况的响应和恢复工作。事故管理包括事故应急指挥系统、多部门协调系统以及联合信息系统的使用流程。位于美国（本土、领土与领地）之外的基地必须尽可能采用国家事故管理系统的相关准则。

A. 事故应急指挥系统。事故应急指挥系统用于国内事故管理的全部活动。根据需要并按照国家事故管理系统中的说明，使用统一指挥方案。

B. 多部门协调系统。管辖级和司令部级及以上的所有国内事故管理活动均使用多部门协调系统。多部门协调系统侧重于基地级别的战略与战役级的任务，以及事故指挥官的保障。在战术级进行事故管理活动的直接责任仍由事故指挥官承担，并由以下机构提供协调与信息支援：

a. 应急运营中心。基地应急运营中心包括在紧急情况下协调信息和资源的设施设备、人员、程序以及通信。所有基地应急运营中心都必须具备事故管理标准作业程序。①

（a）组织结构。所有基地应急运营中心都必须采用经国家事故管理系统精简过的组织结构。可供选择的组织结构有基于事故应急指挥系统的模式、紧急支援职能与恢复保障职能模式、多部门协调小组模式或基于人员组织职能的混合体模式。

（b）应急通信。所有基地应急运营中心都必须通过经批准的书面通信计划来建立与维持应急通信能力，并详细说明与应急管理计划中已确定的全部指挥控制与通信节点进行通信的程序。

（c）建模与仿真系统。所有基地应急运营中心都应能够访问关于已确认的危险和威胁的建模与仿真系统，这包括危险预测、后果与影响评估系统。这种访问能力可以来自于基地应急运营中心，或根据国防部指示 DoDI 3020.52《国防部反恐大纲的实施》由外部资源来保障。

（d）基地级通用作战态势图。所有基地应急运营中心都必须制定与完善一个基地级的通用作战态势图。通用作战态势图的主要目标是在适当的情况下，向基地与司令部、上级总部、暂驻组织以及包括当地互

---

① 译者注：标准作业程序是指将某一事件的标准操作步骤和要求以统一的格式描述出来，用来指导和规范日常的工作。

助伙伴与第一响应人在内的伙伴机构，提供一致的标准化地理空间参考信息。通用作战态势图用于保障应急管理计划、事故指挥官、资源管理活动以及协调响应和恢复行动所需的措施。

b. 部门行动中心。局级、处级和暂驻单位级的部门行动中心负责保障与事故管理相关的具体职能任务。部门行动中心既可设置于专用设施内（如医院指挥中心），也可以设于两用设施中（如公共工程），其人员、设备、程序和通信被整合在保障响应与恢复行动中。

c. 联合信息系统。所有应急管理大纲都必须具备与联合信息系统（或对应的东道国方案）进行整合的程序，包括与伙伴机构建立并维持联合信息中心，以作为向媒体发布应急公共信息的主要渠道。

（2）应急调度或应急通信中心。所有应急管理大纲，无论是建制内还是基地外部的，必须能够执行紧急呼叫和调度行动。应急调度中心或应急通信中心的工作人员将被组织起来接收来自于有线、无线以及网络 IP 电话①路径的紧急呼叫；提供充分的紧急呼叫和通信勤务；记录并保存紧急呼叫记录；保障第一响应人、第一接收人和应急响应人员的需求。所有调度中心或应急通信中心的服务、能力、容量和行动都将基于国防部以及国防部部门的针对性训练、设备与能力标准。

2. 第一响应能力和应急响应能力：

（1）所有的应急管理大纲要针对风险环境来计划、提高、管理并使用响应能力。响应能力至少涉及以下职能领域：执法；警卫措施；消防与应急服务；危险品应对；应急医疗服务；搜索与救援；爆炸物与未爆炸弹处理小组；公共工程；医疗、兽医与公共卫生；灾难心理卫生；撤离管理；民众关怀行动，包括家庭救助中心；联络官。

（2）响应措施程序必须参考应急管理计划。

3. 医疗、兽医与公共卫生的响应。医疗、兽医和公共卫生措施是任何全面的应急管理大纲的关键组成部分，这些措施要符合国防部指示 DoDI 6200. 03《国防部范围内的公共卫生应急管理》和有关军种部/军种指示。响应活动可以包括：

---

① 译者注：网络 IP 电话是一种以 IP 电话为主，并推出相应的增值业务的技术。其可以在 IP 网络上传送语音、传真、视频和数据等业务，如统一消息、虚拟电话、虚拟语音/传真邮件等。

（1）开展健康威胁监视、健康影响调查。监视并调查可疑的健康威胁，以评估威胁对员工、普通群众和环境的影响程度以及范围。

（2）制定并维护计划、程序、项目与系统。制定、协调并维护公共卫生、兽医与医疗计划、程序、项目以及系统，以应对紧急情况并在最大程度上减少伤亡与疾病。

A. 制订并实施群体性预防计划，以确保在公共卫生事故中部署医疗对策。预防计划将详细说明基地的自有能力以及配套能力（例如，民政机构、地方卫生部门或调用国家战略储备）。医疗物流系统可跟踪医疗补给品的分配情况。

B. 为全灾害响应制订并实施医疗机构计划和程序。这些计划与程序将视情纳入医疗机构撤离、提供病患照料、封锁隔离以及群体性伤亡响应。

C. 当基地不具备建立医疗机构时，要与当地医疗保障方签订医疗保障协议，以提供医疗机构设备补充和包括紧急护理在内的其他必要援助。

（3）提供病患照料。医疗指挥官：

A. 执行病患照料计划以及医疗保障协议。

B. 协调、管理并视情提供第一响应人能力、紧急护理，群体性伤亡护理、分诊、第一接收人护理、患者移动和跟踪、心理支持、实验室、药房、放射科、牙科和兽医服务。

第十章　恢复

一、概述

1. 恢复活动可在紧急情况发生后立即开始，并且通常会在事故发生后延续一段时间。

（1）短期恢复措施旨在恢复生命线系统（例如，电力、通信、水、污水处理和运输），并满足个人和基地所在社区的需求（例如，维护法治、提供危机咨询）。

（2）一旦达到一定的稳定程度，基地就可以开始恢复运行，重建被破坏的房产，重启政府运行和服务。

2. 如果适用，指挥官将与地方、区域和国家机构协调海上基础设施恢复计划，使这一计划与国土安全部海上安全政策协调委员会的海上基础设施恢复计划相一致。

3. 国家灾后恢复框架可提供恢复工作的结构和组织框架，其中包括恢复保障职能中的恢复能力。

二、基地指挥官的责任

在恢复行动期间，基地指挥官负责以下事项：

1. 组建灾后恢复工作组。灾后恢复工作组是一种特混工作组，重点是对灾后恢复需求进行评估、优先排序和协调，这包括：

（1）在应急管理计划中发挥关键作用。

（2）工作组每年至少召开一次会议，以预先确定恢复职能、角色和结构。

（3）根据指挥官的判断，在所有事故的恢复工作初期组建灾后恢复工作组。

（4）如果适用，与地方、区域和国家机构协调海上基础设施的恢复，使其与该委员会的海上基础设施恢复计划相一致。

2. 确认恢复优先事项：

（1）确定与基地任务相一致的恢复优先事项。

（2）考虑作战任务优先事项以及正常运行环境的重建，包括国家灾后恢复框架中概述的基地社区保障系统。这些系统与减灾措施中考虑的系统类似，包括社区规划与能力建设、经济卫生和社会服务、住房、基础设施以及自然文化资源。

3. 制订恢复计划。灾后恢复工作组在基地应急管理人员和基地公共事业土木工程代表的技术指导下，制订基地级的恢复计划。

（1）尽管应急管理计划有助于响应和短期恢复，但恢复计划可以提供针对特定事故的详细流程和程序，包括立即恢复运输和通信能力、搜索与救援行动、公共设施的重建、基地重建、现场修复，医疗护理（包括幸存者的心理健康与针对响应人员的危机干预小组），以及成功的长期恢复工作所必需的其他活动。

（2）与国家灾后恢复框架一致的恢复计划，还应包括减灾、韧性和可持续性措施，以建立更加安全且具有韧性的基地社区。关于减灾的更多信息参见第八章。

附录　术语

一、缩略语

缩略语	英文全称	中文全称
AHTA	All – hazards Threat Assessment	全灾害风险评估
ASD（S）	Assistant Secretary of Defense for Sustainment	负责保障的国防部助理部长
ASD（HD&GS）	Assistant Secretary of Defense for Homeland Defense and Global Security	负责国土防御和全球安全的国防部助理部长
AT	Antiterrorism	反恐
C3	Command，Control，and Communication	指挥、控制与通信
CBRN	Chemical，Biological，Radiological，and Nuclear	化生放核（核、生、化、放射性）
CBRNE	Chemical，Biological，Radiological，Nuclear，and High – yield Explosives	核化生爆（核、生、化、放射性与大威力爆炸武器）
CCDR	Combatant Commander	联合作战司令部司令
CJCS	Chairman of the Joint Chiefs of Staff	参谋长联席会议主席
COOP	Continuity of Operations	行动连续性
COP	Common Operating Picture	通用作战态势图
COTS	Commercial Off – the – Shelf	商业现货
CPG	Comprehensive Preparedness Guide	综合备灾指南
DHS	Department of Homeland Security	国土安全部
DOC	Departmental Operations Center	部门行动中心
DoDD	DoD directive	国防部指令
DoDI	DoD Instruction	国防部指示
DSCA	Defense Support of Civil Authorities	民政当局国防支援

续表

缩略语	英文全称	中文全称
DTRA	Defense Threat Reduction Agency	国防威胁压制局
E9 - 1 - 1	Enhanced 9 - 1 - 1	增强型 911
EAP	Emergency Action Plan	紧急行动计划
ECC	Emergency Communication Center	应急通信中心
EM	Emergency Management	应急管理
EMSG	Emergency Management Steering Group	应急管理指导组
EMSG	Emergency Management Working Group	应急管理工作组
EOC	Emergency Operations Center	应急运营中心
EPI	Emergency Public Information	应急公共信息
F&ES	Fire and Emergency Services	消防与应急服务
FEMA	Federal Emergency Management Agency	联邦应急管理局
GOTS	Government Off - the - Shelf	政府现货
HAZMAT	Hazardous Materials	危险品
HN	Host Nation	东道国
HQ	Headquarters	总部
HSEEP	Homeland Security Exercise and Evaluation Program	国土安全演习与评估大纲
ICS	Incident Command System	事故应急指挥系统
ICT	Information and Communications Technology	信息与通信技术
MA	Mission Assurance	任务保证
MAA	Mutual Aid Agreement	互助协议
MACS	Multi - Agency Coordination System	多部门协调系统
MTF	Medical Treatment Facility	医疗机构
MWN	Mass Warning and Notification	群体性警报通知
NDRF	National Disaster Recovery Framework	国家灾后恢复框架
NFPA	National Fire Protection Association	美国消防协会
NGO	Nongovernmental Organization	非政府组织
NIMS	National Incident Management System	国家事故管理系统
NPG	National Preparedness Goal	国家备灾目标
PHEO	Public Health Emergency Officer	公共卫生应急官员

续表

缩略语	英文全称	中文全称
PL	Public Law	公法
PPD	Presidential Policy Directive	总统政策指令
RWG	Recovery Working Group	灾后恢复工作组
U. S. C.	United States Code	美国法典
USD (A&S)	Under Secretary of Defense for Acquisition and Sustainment	负责采办和保障的国防部副部长
USD (P)	Under Secretary of Defense for Policy	负责政策的国防部副部长
USD (P&R)	Under Secretary of Defense for Personnel and Readiness	负责人事和战备的国防部副部长
VA	Vulnerability Assessment	漏洞评估
VoIP	Voice over Internet Protocol	网络 IP 电话

二、定义

除非另有说明，否则这些术语及定义仅用于此版本。

全灾害

见总统政策指令 PPD－21《关键基础设施的安全和恢复能力》中的定义。

反恐

见《国防部军事及相关术语词典》中的定义。

指挥官

担任各级指挥职位的军事人员以及同级文职人员。

后果管理

见《国防部军事及相关术语词典》中的定义。

行动连续性

见《国防部军事及相关术语词典》中的定义。

通用作战态势图

在整个事故的寿命周期中，通过汇编一体化以及兼容的通信系统之间共享的标准数据（元素、定义等）、信息管理和基地部门与响应机构之间共享的情报信息，不断更新的事故概述。

它有助于协作制定规划，并协助各梯队实现态势感知。

它为跨辖区、不同类型的政府辖区之间、私营部门组织和非政府组织的各级事故管理活动提供一致性。

其应包括所需的最小地理空间特征集（包括图像），以提供基础地图来描绘典型的基地建筑以及自然基础设施，这些地理空间特征在应急响应事件中对各方均有重要意义。应按国防部指示 DoDI 8130. 01《基地地理空间信息与服务》的规定，从每个基地的权威数据源获取基地地理空间数据。

认证

针对指定的第一响应人、第一接收人和应急响应人员的训练、证书以及身份的认证与验证。

关键资产

见《国防部军事及相关术语词典》定义。

关键国防基础设施

投送、保障以及维持全球军力与行动具有关键作用的国防部与非国防部资产的组合，是任务关键资产和关键国防资产的组合。

国防部专业应急管理人员

具备有效管理整个应急管理大纲相关知识、技能和能力的个人。

国防部专业应急管理人员认证计划

用于说明规定的培训教育标准，以及贯穿减灾、备灾、响应和恢复全过程中需把握的应急管理基本原则。

民政当局国防支援

见国防部指令 DoDD 3025. 18《民政当局国防支援》中的定义。

增强型 911 能力

一种由网络、数据库和增强型 911 设备组成的电信系统，其使用三位单一数字“9 - 1 - 1”向指挥中心报告警务、火灾、医疗和其他紧急情况，同时自动关联来电方的实际位置以及电话号码。通过关联实际位置与相应的应急服务号码，可将增强型 911 呼叫路由到正确的公共安全应答点，从而由相应的应急服务机构提供服务。

应急通信中心

定制的设施、设备、人员和程序组合，用于：

为应急以及非应急服务电话提供应急接听服务。

为第一响应人、第一接收人和应急响应人员提供通信勤务。

提供应急通信能力。

保存所有通信活动的记录。

应急管理

在对生命、财产、行动或环境有威胁的事故期间，进行预防、减灾、备灾、响应、保持可持续性以及灾后恢复的持续过程。重点是影响基地人员以及设施的紧急情况，并维持基地作为兵力投送平台的能力。

紧急情况

指给具有管辖权或合作方的机构内的生命、财产、行动或环境造成直接或潜在风险的自然或人为的预期或实际情况。

应急响应人员

指执行预防、响应和恢复任务的人员，以在第一响应人和第一接收人并不位于实际的事故现场（包括“第一响应人”定义中确定的相关区域）时提供保障。

应急管理大纲

基于风险的全面且持续的预防、减灾、响应和恢复过程，旨在为任何对生命、财产、行动或环境构成威胁的多机构或多辖区事故做好准备，不论事件原因是自然因素、技术因素还是人为因素。

撤离管理

有组织、分阶段并有监督的撤离、疏散或转移平民离开（潜在）危险区，并在安全区接收和照料平民。

第一接收人

在位于医疗机构或事故现场边界以外的民用和军事医院与诊所，以及“第一响应人”定义中所确定的相关区域内执行响应任务的医疗、公共卫生和临床人员。

第一响应人

在一个或多个事故现场（包括与事故现场直接相连的任何区域）执行预防、响应和恢复任务的人员，并因此而受到事故指挥官或联合司令部司令官的领导。

危险

见《国防部军事及相关术语词典》中的定义。

国土安全演习与评估大纲

国土安全部基于能力与性能的演习大纲，其为演习的设计、展开、实施、评价和改进规划提供标准化的方法和术语集。

事故应急指挥系统

可在一个共同的组织结构内运行的设施、设备、人员、程序和通信的组合，以开展事故管理活动。国家事故管理系统规定了一种标准化的现场全灾害事故管理方法。

基地

全球范围内所有司令部和多级梯队组织中的全部国防部设施、机构、保留地和永久基地，包括政府所有的设施和国防部合同商运营的设施，以及在国防部基地中运行的非国防部机构，还包括根据军种部/军种的指导，保障紧急行动的地点。

互用性

应急管理和响应人员进行交流和良好协作的能力，包括跨辖区边界的交流和协作。在技术层面，互用性还指拥有的应急通信系统，与辖区内用于非应急程序的系统相同或相连，并且这些系统在开发过程中严格落实了国家标准。

封锁

关闭建筑物所有外部和内部门窗的做法，可以快速显著地提高可能受到附近人员袭击的设施的安全级别。

任务保证

见国防部指令 DoDD 3020. 40《任务保证》中的定义。

互助协议

机构、组织和辖区双方或多方之间根据《美国法典》第 42 编《公共卫生与福利》第 15 章“救灾”所达成的书面协议，可提供一种以人员、设备、物资和其他相关服务形式快速进行紧急援助的机制。主要目标是在事故发生之前、期间和之后，迅速进行紧急支援的短期部署。

多部门协调系统

可整合成一个通用系统的设施、设备、人员、程序和通信组合，负责协调和保障事故管理活动。

减灾

通过避免或减轻灾害的影响，为降低自然或人为灾难造成的伤害以及生命财产损失提供重要基础的活动。

国家规划框架

作为国家备灾系统的一部分，该框架描述了整个社区如何共同努力来实现国家备灾目标。这是总统政策指令 PPD－8《国家备灾》中涉及的全部 5 个备灾任务领域的框架：预防、保护、减灾、响应和恢复。

国家救灾响应框架

该框架记录了组织统一的全国性全灾害应对工作的关键响应原则、角色和结构。

国家灾后恢复框架

该框架可促进为受灾的州以及部落、地区、岛屿地区政府和地方辖区提供有效的恢复支持。它提供了一种灵活的结构，使灾害恢复管理人员能够以统一和协作的方式工作。

非政府组织

任何非政府组织或实体，无论是营利性还是非营利性组织。

国家事故管理系统

一种系统性的积极方法，用于指导各级政府、非政府组织和私营部门中的部门与机构密切合作，无论事故的原因、规模、地点或复杂程度如何，进行预防、保护、响应和恢复，并减缓事故的影响，从而降低生命和财产损失以及对环境的损害。

国家备灾目标

制定国家备灾构想的指导方针，为确定全国备灾工作的优先级提供了一种系统方法。国家备灾目标取代了国家备灾指导方针，并吸取了近期的经验教训。

五角大楼保留地

见《美国法典》第 10 编《武装力量》第 2674 节“国家首都特区五角大楼保留地和国防设施的运作与控制”中的定义。

实际地址

以符合国家应急号码协会规定的街道地址形式做出的实际地点说明。

实际位置

地理位置信息，包括实际地址、特定地理参考信息（例如纬度和经度）或符合国防部指示 DoDI 4165.14《不动产投资与预测》的地理空间特征。

备灾

一系列经过深思熟虑且至关重要的任务和活动，它们对于建立、维持和提高行动能力必不可少，这些能力包括国内事故中涉及的减灾能力、保护能力、响应能力以及恢复的能力。

私营部门

不属于任何政府机构的组织和实体，包括营利性和非营利性组织、正式和非正式机构、商业和工业组织。

恢复

在紧急情况之后仍在继续进行的活动，以恢复关键职能并完成重建工作。

资源管理

确定所有管辖范围内可用资源的系统，以便能够及时顺畅地获得备灾、响应或从事故中恢复所需的资源。

风险评估

以定性或定量的方式确定不利事件发生的概率及其对资产影响的严重程度的过程；是一种与威胁、漏洞、后果和能力相关的功能。

减灾计划

确定备选方案或行动方针的过程，以降低资产、基地或人员的损失风险，从而减少对任务执行的影响。

高级领导人

基地指挥官、高级参谋人员，以及所有组织层级的应急管理和相关职能领域的项目主管。

空间气象

空间中，特别是近地环境中，可能影响航天资产或航天活动的条件和现象。空间气象可能会影响航天器和地面系统。空间气象会受到太阳耀斑活动、电离层的变化、高能粒子事件和地球物理事件等现象的影响。

威胁

潜在的暴力、伤害或危险迹象。

漏洞

见国防部指示 DoDI O－2000.16《国防部反恐大纲的实施》中的定义。

参考文献

[1] American Society for Testing and Materials E2842 – 14, "Standard Guide for Credentialing for Access to an Incident or Event Site," current edition.

[2] Civilian Personnel Management Service, "Emergency Preparedness and Response Guide," May 2007.

[3] Code of Federal Regulations, Title 29, Section 1910. 38.

[4] Deputy Secretary of Defense Memorandum, "Establishment of the Office of the Under Secretary of Defense for Research and Engineering and the Office of the Under Secretary of Defense for Acquisition and Sustainment," July 13, 2018.

[5] DoD Directive 1400. 31, "DoD Civilian Work Force Contingency and Emergency Planning and Execution," April, 28, 1995.

[6] DoD Directive 3020. 26, "DoD Continuity Policy," February 14, 2018.

[7] DoD Directive 3020. 40, "Mission Assurance," November 29, 2016, as amended DoD Directive 3020. 44, "Defense Crisis Management," June 4, 2007, as amended.

[8] DoD Directive 3025. 18, "Defense Support of Civil Authorities (DSCA)," December 29, 2010, as amended.

[9] DoD Directive 3150. 08, "DoD Response to Nuclear and Radiological Incidents," January 20, 2010, as amended.

[10] DoD Directive 4715. 1E, "Environment, Safety, and Occupational Health (ESOH)," March 19, 2005, as amended.

[11] DoD Directive 5111. 13, "Assistant Secretary of Defense for

Homeland Defense and Global Security [ASD (HD&GS)]," March 23, 2018.

[12] DoD Directive 5134.01, "Under Secretary of Defense for Acquisition, Technology, and Logistics [USD (AT&L)]," December 9, 2005, as amended.

[13] DoD Directive 5530.3, "International Agreements," June 11, 1987, as amended DoD Directive 6200.04, "Force Health Protection (FHP)," October 9, 2004.

[14] DoD Directive 7730.65, "Department of Defense Readiness Reporting System (DRRS)," May 11, 2015, as amended.

[15] DoD Instruction 1342.22, "Military Family Readiness," July 3, 2012, as amended.

[16] DoD Instruction 1400.32, "DoD Civilian Work Force Contingency and Emergency Planning Guidelines and Procedures," April 24, 1995.

[17] DoD Instruction 2000.12, "DoD Antiterrorism (AT) Program," March 1, 2012, as amended.

[18] DoD Instruction O-2000.16, "DoD Antiterrorism (AT) Program Implementation," November 17, 2016, as amended.

[19] DoD Instruction 3020.45, "Defense Critical Infrastructure Program (DCIP) Management," April 21, 2008.

[20] DoD Instruction 3020.52, "DoD Installation Chemical, Biological, Radiological, Nuclear, and High-Yield Explosive (CBRNE) Preparedness Standards," May 18, 2012, as amended.

[21] DoD Instruction 3025.21, "Defense Support of Civilian Law Enforcement Agencies," February 27, 2013, as amended.

[22] DoD Instruction 4000.19, "Support Agreements," April 25, 2013, as amended.

[23] DoD Instruction 4165.14, "Real Property Inventory (RPI) and Forecasting," January 17, 2014, as amended.

[24] DoD Instruction 6055.01, "DoD Safety and Occupational Health (SOH) Program," October 14, 2014, as amended.

[25] DoD Instruction 6055.05, "Occupational and Environmental Health (OEH)," November 11, 2008, as amended.

[26] DoD Instruction 6055.06, "DoD Fire and Emergency Services (F&ES) Program," December 21, 2006, as amended.

[27] DoD Instruction 6200.03, "Public Health Emergency Management (PHEM) Within the DoD," March 28, 2019.

[28] DoD Instruction 8110.01, "Mission Partner Environment (MPE) Information Sharing Capability Implementation for the DoD," November 25, 2014.

[29] DoD Instruction 8130.01, "Installation Geospatial Information and Services (IGI&S)," April 9, 2015, as amended.

[30] DoD Instruction 8330.01, "Interoperability of Information Technology (IT), Including National Security Systems (NSS)," May 21, 2014, as amended.

[31] DoD Instruction 8510.01, "Risk Management Framework (RMF) for DoD Information Technology (IT)," March 12, 2014, as amended.

[32] DoD Manual 3150.08, "Nuclear Weapon Accident Response Procedures (NARP)," August 22, 2013, as amended.

[33] Executive Order 12196, "Occupational Safety and Health Programs for Federal Employees," February 26, 1980, as amended.

[34] Executive Order 13347, "Individuals with Disabilities in Emergency Preparedness," July 22, 2004.

[35] Federal Emergency Management Agency, Comprehensive Preparedness Guide 101, "Developing and Maintaining Emergency Operations Plans, Version 2.0," November 2010.

[36] Federal Emergency Management Agency, Independent Study Program, Course IS-235.C, "Emergency Planning," current course.

[37] Federal Information Processing Standards Publication 201-2, "Personal Identity Verification (PIV) of Federal Employees and Contractors," August 2013.

[38] Homeland Security Presidential Directive 12, "Policy for a Com-

mon Identification Standard for Federal Employees and Contractors," August 27, 2004.

[39] Joint Publication 3 – 07.2, "Antiterrorism," November 24, 2010.

[40] National Fire Protection Association 1600, "Standard on Disaster/Emergency Management and Business Continuity Programs/Continuity of Operations," current edition.

[41] National Oceanic and Atmospheric Administration, "Storm Ready Program". ①

[42] Office of the Chairman of the Joint Chiefs of Staff, "DoD Dictionary of Military and Associated Terms," current edition.

[43] Presidential Policy Directive 8, "National Preparedness," March 30, 2011.

[44] Presidential Policy Directive 21, "Critical Infrastructure Security and Resilience," February 12, 2013.

[45] Public Law 101 – 336 (Titles I, II, IV), "Americans with Disabilities Act of 1990," July 26, 1990, as amended.

[46] Public Law 103 – 160, "National Defense Authorization Act for Fiscal Year 1994," November 30, 1993.

[47] Public Law 104 – 321, "Emergency Management Assistance Compact," October 19, 1996 United States Code, Title 5, Section 7106 (a) (2) (D).

[48] United States Code, Title 10 United States Code, Title 29.

[49] United States Code, Title 31, Section 1342 United States Code, Title 32.

[50] United States Code, Title 42, Chapter 15 United States Code, Title 50, Section 1522.

[51] U. S. Department of Homeland Security, "Maritime Operational-Threat Response Plan," October 2006. ②

---

① 可从互联网获取副本：http：//www. nws. noaa. gov/stormready/。

② 授权用户可通过美国国防机密互联网协议路由器网络获取：https：//clsobdom02. cno. navy. smil. mil/motr/。

[52] U. S. Department of Homeland Security, "National Disaster Recovery Framework," current edition.

[53] U. S. Department of Homeland Security, "National Incident Management System," current edition.

[54] U. S. Department of Homeland Security, National Incident Management System, "Guideline for the Credentialing of Personnel," current edition.

[55] U. S. Department of Homeland Security, "National Mitigation Framework," current edition.

[56] U. S. Department of Homeland Security, "National Preparedness Goal," current edition.

[57] U. S. Department of Homeland Security, "National Preparedness System," November 2011.

[58] U. S. Department of Homeland Security, "National Prevention Framework," current edition.

[59] U. S. Department of Homeland Security, "National Protection Framework," current edition.

[60] U. S. Department of Homeland Security, "National Response Framework," current edition.

[61] U. S. Department of Homeland, Maritime Security Policy Coordinating Committee, "The Maritime Infrastructure Recovery Plan," April 2006.

[62] U. S. Department of Labor, "Employers' Guide to Including Employees with Disabilities in Emergency Evacuation Plans," current edition. ①

① 可从互联网获取副本：http：//askjan. org/media/EmployersGuideEmergencyEvacuation. pdf。

第二部分

美国陆军应急管理大纲

美国陆军条例 AR 525－27

美国陆军应急管理大纲

2019 年 3 月 29 日实施的此次重大修订，主要修订了以下内容：

- 更新了全险情应急管理角色和职责。（第二章）
- 扩充了群体性警报通知的应急管理职责。（第二章）
- 将基地应急管理的级别设定从四级调整为五级：I 类（专业级）、II 类（行动级）、III 类（认知级）、IV 类（基准级）和 V 类（豁免级）。（第三章）
- 更新了对应急管理计划主管、应急管理协调员和应急管理人员的要求。（第四章）
- 提供了（基地之外）独立设施和应急行动计划的指南。（第五章）
- 更新了全险情应急管理计划。（第五章）
- 阐明了全险情的社区备灾和防护要求。（第六章）
- 描述了军队应急管理政策与国家事故管理系统及事故指挥保障系统的关系。（第七章）
- 更新了群体性警报通知与事故通知的要求。（第九章）
- 明确了军事基地应急行动中心的应急管理职责。（第十章）
- 根据美国国防部指示 DoDI 6055.17，明确了军事基地的民众关怀和后送指南。（第十章）
- 更新了应急管理培训要求。（第十一章）
- 明确了美国军事基地应急管理能力、寿命周期管理和保障。（第十二章）
- 根据美国陆军第 2017－07－7 指令［优先事项——应急准备和致命性事故（更新 7）］，更新了应急管理演练要求。（第十三章）
- 更新了救灾响应行动。（第十六章）
- 根据美国国防部指示 DoDI 6200.03 的医疗公共卫生要求，制订了应急管理计划。（第十七章）

●更新了评估注意事项，将暂驻单位应急行动计划的制订涵盖在内。（第十八章）

●增加了内部控制流程和规定，确定了必须审核的关键内部控制（附录）。

历史。本版为重大修订版。

概述。本条例保持了美国陆军政策符合国防部指示 DoDI 6055. 17 和陆军条例 AR 525 －2。

适用范围。除另有规定，本条例适用于美国陆军现役部队、美国陆军国民警卫队和美国陆军预备役部队。具体而言，本条例适用于所有正在或准备为世界各地陆军军事基地、场所或机构提供预防、保护、减轻所有自然、技术、人为灾害（包括恐怖主义威胁或事件）的人员、组织和承包商。本条例适用于所有以下人员：国防部人员；国防部和非国防部暂驻人员；国防部和美国政府的临时雇员；以及居住或工作在全世界范围的军事基地内的国防部人员的家属、国防部承包商、来访人员、当地政府或私营组织机构以及宾客。如本条例与经国防部长办公室或参谋长联席会议批准的出版物之间发生冲突时，以后者为准。

发起人和例外授权。本条例的发起人是美国陆军副参谋长（G－3/5/7）。发起人有权批准对本条例的例外或豁免，这些情况需符合有关控制性法律法规。发起人可将此权限以书面形式授权给以下单位的部门主管：单位内设部门或其直属单位或现地行动部门。授权对象级别应为上校或相当级别的文职人员。各类机构均可提出对本条例的豁免请求，但须提供理由，包括对预期效益的全面分析，并须由该机构的高级法务官员进行正式审查。所有的豁免请求必须由请求机构的指挥官或高级领导批准，并通过其上级总部转交给政策发起人。更具体的指南可参考陆军条例 AR 25 －30。

美国陆军内部控制流程。本条例包含符合美国陆军条例 AR 11 －2 的内部控制规定，并明确了必须审核的关键内部控制（请参阅附录）。

补充规定。未经美国陆军副参谋长（G－3/5/7）（陆军部防护局）的事先批准，禁止编写本条例的补充条款，禁止另外编制相关业务局、司令部及基地内的制式表格。

委员会管理。美国陆军条例 AR 15 －1 要求发起人证明成立/维持委员会的合理性，协调出版物草案，并与美国陆军资源和计划局、陆军委员会管理办公室协调委员会的地位变更。此外，如果本条例中确定的某个“团体”后续具备了委员会的特征（符合陆军条例 AR 15 - 1 的规定），则发起人以委员会形式建立和维持该小组时，必须遵循陆军条例 AR 15 - 1 提出的全部要求。

发行限制。本条例仅在电子媒体上发行，适用于美国陆军现役部队、美国陆军国民警卫队以及陆军预备役部队。

《美国陆军应急管理大纲》目录

第一章　简介与政策

一、目的

本条例建立了陆军应急管理大纲。陆军应急管理职能是指陆军辖区内的永久性军事基地、场所和机构（后文统称为“基地”），以及基地外相关区域（后文统称为“独立场所”）的综合应急管理大纲。陆军应急管理大纲负责协同所有与预防、保护、减灾、响应和恢复过程相关的机构与辖区的应急行动，这些应急行动涉及到美国陆军在全球范围内的基地。陆军应急管理大纲对全险情环境具有管辖权限，包括所有自然、技术与人为灾害（包括恐怖主义威胁或事件）。陆军应急管理大纲不是要取代现有运行良好的单一机构或单种险情处置程序与计划，而是要整合这些现有能力，统筹拓展必备技能，更有效地管理多机构或多辖区的紧急事件（不管是何种原因导致的）。本条例进一步概述了不具备应急响应能力的基地的特殊处理方法和注意事项。陆军应急管理大纲协调所有应急行动与方案，并与其他保护计划保持一致。

二、记录管理（记录保存）要求

本条例所要求的所有记录编号、相关表格和报告的相关记录管理要求在《陆军记录保存表》中。所有相关记录编号、表格和报告的详细信息，请访问陆军记录信息管理系统/《陆军记录保存表》，网址为 https://www.arims.army.mil。如果在陆军记录信息管理系统/《陆军记录保存表》中的现有记录、编号、表格和报告不是最新的，或未正确处理或未正确发布，请参见陆军部手册 DA Pam 25－403 以获取指导。

三、法定权限

1. 政策要求。本条例的法定权限来自《美国法典》第10编第3013节。应急管理大纲的其他授权部分源自《联邦法规》第40编第68部分、第112.20部分、第300部分和第372部分，第29编第1910.38部分、第1910.39部分，来自配套的《国土安全总统指令》-5和《总统政策指令》-8，以及《美国法典》第50编第1522条，该条指定陆军部部长为化生放核防御工作的执行代表。有关法定权限和条例以及法律参考事项的其他信息，请参见陆军部手册DA Pam 525－27。

2. 指挥官的权限。根据《联邦法规》第32编第552.18部分，陆军指挥官有权利和义务保护其所属人员、装备和设施。根据陆军条例AR 600－20，高级指挥官应承担《美国法典》、国防部或陆军政策中提到的相关职责。高级指挥官可以将其军事基地指挥权的某些方面委派给驻军指挥官（详情咨询法律顾问）。陆军应急管理大纲中的任何内容都不应对高级指挥官固有的、特定的权利与义务产生任何削弱或冲突。陆军应急管理大纲旨在为高级指挥官提供经过认证和批准的方法，以在联邦法律和国防部、联合部队和陆军政策的范围内，在全险情环境中保护其所属的任务、人员、装备与设施。

四、适用性

1. 适用基地。本条例适用于全球范围内的美国所有陆军基地、场所、机构和行动，包括独立场所，以及在陆军基地里驻扎的国防部和非国防部机构。

2. 适用人员。除非另有说明，本条例适用于美国现役陆军、美国陆军国民警卫队和美国陆军预备役。它适用于在世界各地陆军基地里居住、工作或过境的国防部文职人员、国防部和非国防部家属、国防部和非国防部暂驻机构、国防部和美国政府的临时雇员、国防部承包商、来访人员及宾客，并适用于所有的人员、组织和承包商，准备或正在预防、保护、减灾、响应与恢复世界各地陆军军事基地所面临的危险（自然、技术及人为的灾害，包括恐怖主义威胁或恐怖事件）。有关军事基地应急管理策略、技术与程序的指南，请参见技术手册 TM 3－11.42。

3. 适用行动。本条例适用于所有预防、保护、减灾、响应与恢复行动。本条例适用于各种危险，只要该危险影响或可能影响陆军基地、受保障任务、受保护人群或关键的保障性基础设施。

（1）作战行动/其他。在可能的情况下，本条例适用于非永久性基地的应急管理，如前线作战基地、应急作战基地或类似的国外固定地点，上述基地保障与维持已命名或未命名的应急行动以及其他行动（例如阿富汗、非洲地区的行动）。

（2）特别计划。本条例支持但不取代关于特定灾害计划和安保行动的现有指南。

（3）美国陆军工程兵团。本条例中介绍了美国陆军工程兵团保障基地环境的相关活动。本条例不适用于在《美国法典》第 33 编第 701 节或第 33 编第 203 节授权下进行的美国陆军工程兵团活动。

4. 联合基地。隶属于国防部联合基地指导组的陆军基地应完全按照国防部的要求运行。如果本条例与国防部关于联合基地的政策或程序之间存在差异，则以国防部政策或程序为准。陆军司令部驻在各军种联合基地的部门，有责任促进基地内暂驻单位和联合基地的支援指挥官充分参与到东道单位的应急管理大纲中。

五、政策

1. （应急）准备。通过建立和维护适用于全球所有陆军司令部的综合、全险情的陆军应急管理大纲，保持陆军的应急准备状态。

2. 协调。在法律、政策和法规允许的范围内，与联邦、州、部落、其他军种、地方、志愿组织（非政府组织和信仰型组织）以及私营机构（或东道国）协调陆军应急管理大纲的活动和能力范围。

3. 民事支援。根据指示，在陆军应急管理框架内，在备灾的五个任务领域中支持和协助美国民事当局，在全险情环境中涉及多机构多辖区的紧急事件中进行预防、保护、减灾、响应和恢复。

4. 国家事故管理系统的实施。采用并实施与国家事故管理系统

(基于《国土安全总统指令》-5 而建立) 和国家备灾系统 (基于《总统政策指令》-8 而建立) 相一致的程序。本条例详细说明了合规意图、要求、里程碑, 以及任何与已公布的国家政策的授权偏差。为了保持实践中的一致性, 美国境外的所有陆军司令部必须尽量落实国家事故管理系统中规定的指南。有关国家事故管理系统的实施过程, 请参阅陆军部手册 DA Pam 525-27。

5. 国家规划框架的实施。通过制定、实施和维持本出版物中详述的陆军应急管理大纲, 采用并实施与美国五个国家规划框架相一致的程序。为了保持实践中的一致性, 美国境外的所有陆军司令部必须尽量落实国家规划框架中规定的指南。

6. 方法。通过分层和分阶段的方式实施全险情方法, 以平衡风险管理 (危害、威胁、脆弱性、后果和能力) 与资源需求。

7. OSCAr 的行动。根据国防部指示 DoDI 6055.01, 所有军事基地的应急管理能力、功能和任务本质上都是军民通用的, 不得根据《联邦法规》第 29 编 (i) 要求豁免适用的职业安全与健康管理局法规。这一决定要求遵守《联邦法规》第 29 编第 1960.34 节 (b) (1) 和陆军条例 AR 385-10 规定的所有适用的指南 (由职业安全与健康管理局或国家职业安全与健康研究所制定)。能力、职能和任务可由军警人员、文职人员或合同人员执行, 并对所有用户群体采用相同的培训程序和设备标准。

第二章　职责

一、首席信息官（G－6）

首席信息官（G－6）负责以下事项：

1. 参与陆军应急管理大纲配套的信息系统或与大纲应用适用的DOTMILPF－P（条令、组织、训练、装备、领导、教育、人员、设施和政策）各领域需求的确定、开发和整合。

2. 保障针对应急管理系统和能力的信息技术开发的政策指南。

3. 支持制定将民用数据交换标准集成到陆军信息技术系统中的政策指南，以便在应急行动期间促进陆军与民事管辖区之间的信息共享。

4. 支持副参谋长（G－3/5/7）将适当的信息技术系统纳入陆军应急管理大纲的基准保障。

二、公共事务主管

公共事务主管负责以下事项：

1. 参与陆军应急管理大纲配套的公共事务适用的DOTMILPF－P（条令、组织、训练、装备、领导、教育、人员、设施和政策）各领域需求的确定、开发和整合。

2. 制定与应急管理大纲相关的公共事务的原则、政策和程序。

3. 发布指导意见，要求公共事务官员参加基地应急管理工作组和应急公共信息计划和培训；确保公共事务官员列入了紧急事件警报名册中；明确其角色和职责以支持应急管理大纲的落实。

4. 根据需要，参加应急管理指导小组，以长期规划和维护应急管理大纲。

三、国民警卫局局长

国民警卫局局长负责以下事项：

1. 发布应急管理的战略规划，通过阐明陆军应急管理战略目标和绩效目标来指导司令部的应急管理计划工作，并提供实施、度量和报告其完成情况的架构。每年审查战略规划，并根据情况进行协调更新。

2. 在指挥机构的各层级落实应急管理要求，并按照陆军部总部保卫处（G－34）的指示提供状态报告。报告在提交给陆军部总部之前，必须由指挥系统中的责任上校（O－6）（含）以上级别的人员进行验证。

3. 书面指定、培训和提供资源给负责管理和实施司令部应急管理大纲的协调员。确保下级司令部和暂驻机构书面指定并培训应急管理协调员。有条件时，确保高级指挥官书面指定、培训和提供资源给基地应急管理人员。

4. 参加陆军应急管理指导小组；召集司令部层面的工作组；指导基地建立应急管理工作组并确保暂驻单位参与其中；指导下属单位参与基地东道单位的应急管理工作组。应急管理工作组应作为防护工作组的一部分，作为防护工作组的一个小组委员会，与陆军条例 AR 525－2 中表述的其他防护职能部门具有同等地位。

5. 建立并维护社区备灾计划。指导下属部门和暂驻单位建立并维护社区备灾计划。有条件时，应确保高级指挥官建立并维护社区备灾计划。

6. 确保暂驻单位根据需要安排相关人员来支援基地应急行动中心的工作。有条件时，应帮助高级指挥官配备基地应急行动中心工作人员并形成保障能力，包括为应急人员和地方、州、国防部、联邦或东道国合作伙伴建立、共享和整合通用作战态势图的能力。

7. 每年参与全面风险管理流程，从而减少漏洞，提高能力并确定尚存风险。指导下属指挥部和暂驻单位参与基地的年度综合全险情管理过程，以减少漏洞、提高能力、确定尚存风险。

8. 监督应急管理大纲，以确保下级指挥部落实陆军应急管理大纲，并将其应急管理计划整合到东道基地/独立场所应急管理计划中。利用现行陆军防护项目评估基准，完成年度自我评估。将应急管理整合到指挥部的评估过程中。记录并跟进所有应急管理缺陷和经验教训。

9. 为下级提供政策和规划指导，建立包括独立场所在内的全险情应急管理大纲。指导暂驻单位指挥部参与规划过程，并在东道基地应急管理计划中提供特定人力支持。有条件时，应确保高级指挥官每年制定、维护、更新和批准基地全套应急管理计划。该计划必须包括基本计划、支持附件、功能区附件、特定灾害附件、一般附件和暂驻单位指挥部的意见。

10. 指导下属单位制订与基地应急管理计划同步的应急行动计划；确保基地应急行动计划与暂驻单位应急行动计划同步；确保下属单位和暂驻单位的应急行动计划与基地应急管理计划同步。有条件时，应确保独立场所的应急行动计划与当地的支持响应组织相协调。

11. 建立并维护整个司令部的应急管理培训计划，确保高级指挥官、应急管理主管和工作人员根据其在陆军应急管理大纲中的任务接受培训。

12. 实施与国家事故管理系统和事故指挥系统一致的应急管理计划和程序。为基地应急管理计划或应急行动计划中确订的人员制订培训计划，并完成国家事故管理系统 I 阶段和 IV 阶段的相关工作。

13. 建立应急管理训练计划，针对在年度应急管理演练或实际紧急情况下发现的能力差距/不足，并采取改进措施。指导下属单位和暂驻单位参加基地/独立场所的应急管理训练，以确保其在应急管理计划的工作得到落实、评估和改进。在有条件的情况下，应确保高级指挥官建立应急管理训练计划，针对在年度应急管理演练或实际紧急情况下发现的能力差距/不足，并采取改进措施。

14. 确保下属单位参与基地/独立场所的应急管理训练，以确保其在应急管理计划的工作得到落实、评估和改进。

15. 建立流程，以确保采取的改进措施和所汲取的教训可以解决在年度应急管理训练或实际紧急情况下发现的能力差距/不足。

16. 如果有条件，发布独立场所的计划和实施指南。

17. 如果有条件，为独立场所建立并维护群体性警报通知功能。

18. 与陆军部总部协调，制订应急管理人力概念计划，使陆军能够完成应急管理任务。

19. 确保高级指挥官有如下职能：

（1）在基地里建立和维护全面的群体性警报通知能力，以根据相关要求向受保护的人员发出警报或通知。

（2）为应急人员以及地方、州、国防部和联邦合作伙伴建立和维护通用作战态势图。

（3）与陆军部防护局协调关于通用作战态势图和群体性警报通知系统的新采购、部署或合同，以将其整合到保障计划中。

（4）在技术上可行的地点，建立并维护增强型911功能。

（5）支持陆军应急管理大纲，使用基于功能的基地分级和国家事故管理系统资源管理（资源类别）模型。

（6）在基地级别支持执行经批准的人力资源模型，并使用经批准的应急管理职位表述。

（7）支持计划目标备忘录和预算执行，以支持陆军领导批准的清晰的关键需求。

（8）根据陆军条例AR 210－14，通过604服务区基地状态报告系统，报告基地状态。

（9）通过604服务区基地状态报告系统，报告应急准备和成本情况。

（10）指导下级指挥所、基地、暂驻单位与机构开发和执行应急公共信息程序。

（11）与有关公共事务办公室协调工作，审查所有计划，以确保适应所有公共事务要求，并将公共事务运营纳入基地的计划、训练和演习。

（12）每年进行一次全面的风险管理流程，以减少漏洞、提升能力，并确定尚存风险。

（13）监督应急管理大纲，以确保综合基地/独立场所的应急管理计划充分满足每个基地/独立场所上暂驻单位的需求。

（14）为美国陆军坦克汽车与军械司令部寿命周期管理司令部提供资源与支持，使其成为美国陆军应急管理大纲装备和系统寿命周期的管理者。

（15）确保国有民营和民有民营的基本运营保障服务合同和租赁设施合同中包含的运营规定符合陆军应急管理大纲要求。

（16）通过基地后勤战备中心保障民众关怀机构，包括民众给养团队和散货配送团队。

（17）支持家庭、士气、福利和娱乐局与陆军社区服务处参与民众关怀活动和规划。

（18）以书面形式为每个独立场所指定一名应急管理协调员。

（19）确保应急管理协调员为所在独立场所制订应急行动计划和行动概念。

（20）确保应急行动计划每年至少执行一次，有条件时，应协调当地应急组织参与。

（21）为独立场所人员提供群体性警报通知服务。

（22）鼓励独立场所人员注册到当地可用的社区警报系统内。

（23）每年至少演练两次群体性警报通知系统，以验证个人联系信息的准确性和通知系统的有效性。

四、负责人事的副参谋长（G－1）

负责人事的副参谋长（G－1）负责以下事项：

1. 确定并整合应急管理大纲人员的相关需求，包括职业和专业发展需求。通过陆军文职职业规划提案办公室，确保职业规划管理办公室/安全职能首席代表制定并维护12号文职职业规划应急管理职位系列岗位（0089）的要求、职业路径和认证程序。

2. 与G－3/5/7负责副参谋长协调，将陆军应急管理大纲培训要求纳入陆军部手册DA Pam 525－27中确定的相关文职职业规划。

3. 跟踪分配到0089系列岗位的应急管理文职人员的培训和认证。

4. 促进配套的分析需求和人员需求的确定，以保障应急管理大纲的整合。

5. 管理陆军灾害人员责任制和评估系统，并根据需要，在事故中提供准确的人员责任数据。

6. 发布指导意见，要求牧师参与基地的应急管理工作组和群体性伤亡应对计划和培训，确保牧师被纳入群体性伤亡事件的响应名单，并明确其在应急管理大纲中的角色和职责。

7. 发布指导意见，确保每个基地的应急计划都有牧师参与，且该计划整合了对群体性伤亡和其他灾难性事件的宗教支持，包括支援没有牧师的基地。

五、负责情报的副参谋长（G－2）

负责情报的副参谋长（G－2）负责以下事项：

1. 与国防情报体系协调，以支持陆军司令部和基地应急管理大纲的情报和威胁评估产品需求。

2. 参与陆军应急管理大纲适用的条令、组织、训练、装备、领导、教育、人员、设施和政策领域需求的确定、开发和整合。

3. 陆军应急管理人员应根据陆军条例 AR 115－10/空军指令 AFI 15－157（IP）的规定，利用分配给每个陆军基地的空军气象单位为应急管理行动提供气象支援服务。如果没有指派空军气象单位（例如陆军国民警卫队场所），应急管理人员应与他们指挥系统中的首席气象参谋协调气象支援要求。如果指挥系统内没有指派气象参谋，则应根据陆军条例 AR 5－25 与陆军部总部、副参谋长办公室（G－2）联系。

六、负责作战计划的副参谋长（G－3/5/7）

负责作战计划的副参谋长（G－3/5/7）负责以下事项：

1. 担任陆军部部长和参谋长关于陆军应急管理大纲各方面的首席顾问。

2. 监督陆军执行应急管理大纲。

3. 整合并同步所有的陆军应急管理规划和能力要素及使能因素，作为统一防护方法的一部分，酌情在陆军总部各参谋部发起单位、陆军司令部、陆军军种组成司令部、陆军直属单位以及其他情报、安全、执法、消防、卫生、医疗和应急服务机构的协助下进行。

4. 作为陆军应急管理的主要责任办公室和国防部陆军总部与外部机构的单一联络点，负责制定、协调和发布陆军应急管理政策和目标，遵循国防部指令或指示，并协调必要的资源，包括在计划目标备忘录中确保应急管理大纲的预算按指令执行。

5. 确保应急管理与其他陆军防护计划功能要素的工作和资源进行整合、协调、同步以及优先事项确定。

6. 作为陆军应急管理大纲的职能发起人。

7. 担任陆军应急管理大纲的政策发起人，制定和记录大纲的执行概念和技术要求。

8. 担任陆军基地应急行动中心的发起人。

9. 作为陆军群体性警报通知系统和应急管理相关通用态势图的发起人和支持者。

10. 担任应急管理培训/培训发展（任务）功能的发起人。与利益相关者协调，根据培训进程，同步努力将应急管理元素纳入教育、训练计划和条令制定。

11. 担任陆军应急管理服务（604 服务区）基地状态报告的陆军发起人。

12. 与美国陆军训练和条令司令部协调，担任美国陆军国家事故管理系统的管理者。建立和管理国家事故管理系统的实施指南和相关培训发展计划。履行联邦应急事务管理局确定的国家事故管理系统管理员职责。与合作伙伴计划协调国家事故管理系统资源管理问题，相关单位涉及所有陆军保障计划职能部门、负责基地管理的助理参谋长、美国陆军基地管理司令部、美国陆军装备司令部、美国陆军医疗司令部、美国海军陆战队、陆军国家警卫队、美国陆军预备役司令部以及其他类型资源的主管单位。

13. 制订各部门的应急管理人力概念计划，并协助单一部门制订具体的人力计划，使陆军能够完成应急管理任务。

14. 同步、整合陆军应急管理大纲，并将其与现行陆军方案、计划、政策和程序一并评估，包括根据陆军条例 AR 525－2 将陆军防护计划功能要素纳入陆军防护项目评估计划，以评估每个陆军司令部、陆军军种组成司令部、陆军直属单位和陆军国民警卫队的应急管理大纲，评估每三年不少于一次。

15. 协调和消除民事支援、国际化生放核响应和保证计划机构与陆军应急管理大纲的冲突。

16. 协调和消除陆军部总部连续性计划机构（政府连续性、行动连续性和业务连续性）在应急管理和行动连续性计划之间的冲突。

17. 通过整合支持工作小组，促进有关应急管理能力的长期规划和保障。

18. 全面领导协调陆军社区备灾活动。支持与合作伙伴一起执行“战备充分的陆军”宣传活动。在适当情况下，协调陆军公共事务和其他相关机构，确保陆军军内宣传活动在标准化指导下进行。

19. 根据基于风险的投资策略，确定基地分级，以便确定应急管理资源分配的优先顺序。与相关利益攸关方协调基地等级划分过程。

20. 根据陆军手册 DA Pam 525－27，为所有确定的响应和恢复资源制定颁布资源类型名称。

21. 作为陆军部总部领导，领导陆军应急救援小组。

22. 与陆军司令部、基地管理司令部、陆军国民警卫队、陆军预备役司令部和其他利益攸关方协调，制定基地应急行动中心应急管理培训政策。

23. 持续提供应急行动中心的培训。

24. 为独立场所出版应急行动计划与训练政策。

七、负责后勤的副参谋长（G－4）

负责后勤的副参谋长，负责以下事项：

1. 领导应急管理大纲中有关后勤的发展、整合和保障工作，以确定 DOTMILPF－P（条令、组织、训练、装备、领导、教育、人员、设施和政策）相关领域的需求。

2. 促进配套分析需求和人员需求的确定，以保障应急管理大纲的整合工作。

3. 协助制定并实施民众关怀活动的政策指南，包括民众给养团队和大宗配送团队。

4. 根据需要参加应急管理指导小组，负责应急管理大纲的长期规划和维护。

八、负责项目资源的副参谋长（G－8）

负责项目资源的副参谋长（G－8）负责以下事项：

1. 确定大纲对有关物资的采办需求，以提升所有基地持续执行任务及保护所属和配属人员的能力。

2. 保障适当的物资采办，以提升所有基地持续执行任务及保护所属和加强人员的能力。

3. 协助和建议陆军参谋部负责人和陆军应急管理发起人对项目执行小组进行规划、计划和预算编制，该小组的任务是将应急管理大纲资源需求与管理决策相结合。

4. 在预算需求和规划过程中保障陆军应急管理能力整合的需求。

5. 保障陆军有关应急管理的需求，以实施和保障关键应急管理能力。

九、负责基地管理的助理参谋长

负责基地管理的助理参谋长负责以下事项：

1. 提供总体的基本行动保障政策指导和应急项目管理支持。

2. 参与陆军应急管理大纲有关 DOTMILPF－P（条令、组织、训练、装备、领导、教育、人员、设施和政策）各领域需求的确定、开发和整合。

3. 制定民众关怀活动的政策和指导，指导 DFMWR（家庭、士气、福利和娱乐局）和 ACS（陆军社区服务处）根据陆军手册 DA Pam 525－27 参与民众关怀活动和规划。政策应包括应急家庭援助中心、安全避难所、呼叫中心、志愿者、私营机构、非政府组织、宗教组织的管理，以及协调民用避难所的使用。

4. 为陆军社区服务处的志愿者和捐赠管理提供政策和运行指导，以确保其服务和物资的正确使用。

5. 为独立场所出版应急行动计划与训练指导。

6. 根据国防部指示 DoDI 6055.06，在总部一级确定一名消防和应急服务首席顾问，就与应急管理大纲有关的消防和应急问题提供建议。

7. 根据 13347 号行政命令，就涉及残疾人的应急支援问题向应急准备与残疾人机构间协调理事会寻求技术指导。

8. 与负责作战计划的副参谋长（G－3/5/7）协调，维护和更新“战备充分的陆军”网站（http：//www.ac－sim.army.mil/readyarmy）。

9. 根据需要参加应急管理指导小组，负责应急管理大纲的长期规划和维护。

十、军医总监

军医总监负责以下事项：

1. 就医疗和人员健康方面问题，向与陆军应急管理大纲有关的陆军基地机构和行动提供总体政策。支援性指导还应考虑潜在的和残留的全险情污染。

2. 批准人员健康风险评估，并审查应急管理大纲全险情风险评估。

3. 将全险情意识和技术信息纳入陆军医务司令部主办的培训项目中。

4. 编制军事基地常见化学品和有害物质的毒理学资料。

5. 为化学制剂、爆炸物以及其他未受管制的化合物制定并提出人类健康和安全环境标准（若不存在此类标准）。

6. 确定与污染有关的健康和生态影响课题以进行研究和开发，在陆军医务司令部所属领域开展必要的研究，并在需要时提供毒理学和接触数据，以支持人类健康风险评估。

7. 为灾难性事件管理提供政策、培训和监督，以满足陆军应急管理大纲的需求。

8. 提供训练有素的医疗人员团队，以满足陆军基地在执行应急管理大纲中的国家事故管理系统和事故指挥系统的医疗需求。

9. 根据国防部指示 DoDI 6200.03，在总部一级确定一名顾问，就与应急管理大纲有关的公共卫生和医疗问题提供建议。

10. 根据国防部指示 DoDI 6200.03，在总部一级确定一名顾问，就与应急管理大纲有关的兽医和食品安全问题提供建议。

11. 根据需要参加应急管理指导小组，负责应急管理方案的长期规划和维护。

十一、宪兵司令

宪兵司令负责以下事项：

1. 提供关于反恐、执法和实体安保行动的总体政策，以支持陆军应急管理大纲的执行。

2. 协调陆军应急管理大纲关于核化生爆大规模杀伤性武器的反恐标准。

3. 根据需要参加应急管理指导小组，负责应急管理大纲的长期规划和维护。

十二、训练与条令司令部司令

训练与条令司令部司令负责以下事项：

1. 协助陆军部总部负责作战计划的副参谋长（G－3/5/7）履行应急管理训练发起人的职责。

2. 为任何应急管理学习机构提供符合认证标准的指导/协助。

十三、装备司令部司令

装备司令部司令负责以下事项：

1. 在影响陆军应急管理大纲的领域，与美国陆军工程学院和基地管理助理参谋长协调采购、后勤和工业基地的用户需求。

2. 为美国陆军坦克汽车与军械司令部寿命周期管理司令部提供资源和支持，作为陆军应急管理大纲装备和系统寿命周期的管理者。

3. 确保国有民营/民有民营的基本运营保障服务合同和租赁设施合同中包含的运营规定符合陆军应急管理大纲要求。

4. 通过基地后勤战备中心保障民众关怀机构，包括民众给养团队和大宗配送团队。

5. 支持 DFMWR（家庭、士气、福利和娱乐局）和 ACS（陆军社区服务处）参与民众关怀活动和规划。

十四、网络司令部司令

网络司令部司令负责以下事项：

1. 通过使用基地应急行动中心、群体性警报通知系统、应急通信和其他应急管理相关能力，保障基准网络服务和具体任务导向的网络服务。

2. 根据需要参加应急管理指导小组，负责应急管理大纲的长期规划和维护。

十五、卫生司令部司令

卫生司令部司令负责以下事项：

1. 除陆军国民警卫队外，确保战区卫生司令部提名适当的合格候选人，由高级指挥官任命为公共卫生应急官员。

2. 除陆军国民警卫队外，确保医疗机构提名合格医疗应急主管候选人参与到基地应急管理规划过程中，且被纳入应急管理计划中。

3. 与基地管理司令部和陆军装备司令部协调，确保战区卫生司令部、主要下属司令部和医疗机构支持并参与基地应急管理训练和活动。

4. 开发风险沟通和公共卫生信息产品，以满足陆军应急管理大纲的需求。

5. 确保医疗需求和支援协议与陆军应急管理大纲需求同步和协调。

6. 设计并保障包括各种专业医疗培训在内的必要培训，以满足应急管理需求。

7. 确保战区卫生司令部为医疗机构提供最佳实操指导，使其参与应急管理计划过程，并被纳入应急管理计划中。

8. 协助制定化生放核药物对策的作战支援理念，包括训练、分配、安全、储存、责任制和持续保障。

9. 确保战区卫生司令部与当地卫生服务总监（或对应官员）共同协调卫生服务对应急管理计划的支持作用，并制定和维护医疗附件以支持基地应急管理计划。

10. 确保战区卫生司令部监督医疗机构客户与当地基地医疗供应机构的关系，以便为基地第一响应人员和任务关键人员补充/保障化生放核药物对策。

11. 确保所有医疗总部制订符合国家事故管理系统标准的、适用的医院或诊所的全险情应急管理计划，并具备与当地合作伙伴的互操作能力。

12. 验证与应急管理有关的医疗职能的资源需求。

13. 审查专门的应急管理医疗培训请求，并确保配额满足业务需求。

14. 监督陆军医疗 DOTMILPF – P（条令、组织、训练、装备、领导、教育、人员、设施和政策）需求的发展，并将其纳入陆军应急管理大纲。

15. 制定和发布与部队健康防护和恢复有关的政策和程序，以支持陆军应急管理大纲。

16. 为公共卫生应急官员和医疗应急主管提供咨询和技术回访服务。

17. 制定并提供与应急管理有关的职业安全、健康、环境和公共健康风险评估的指导。

18. 制定和维护大规模紧急情况和灾害期间应急医疗的护理标准。

19. 根据需要，领导医疗管理、保障和恢复工作。

20. 在高级指挥官和国有民营机构的协调下，支持通过陆军医务司令部所属的中心和学校开展灾难性事件管理培训。

21. 通过战区卫生司令部的计划和政策，为没有医院的基地提供灾难性事件管理的心理健康支持。

22. 发布指导意见，要求心理健康主任参与基地应急管理工作组，并纳入群体性伤亡事件响应名单，明确其角色和职责以支持应急管理大纲。

23. 根据相关要求，为独立场所人员和机构建立并保持全面的群体性警报通知能力，以向受保护的人员发出警报或通知。

24. 根据需要参加应急管理指导小组，负责应急管理大纲的长期规划和维护。

十六、工程兵团司令

工程兵团司令负责以下事项：

1. 与陆军部总部保卫处（G－34）协调，建立政策与程序以支持：

（1）评估陆军基地的受损程度，以确定对基础设施和系统的影响。

（2）在必要的范围内清理和管理陆军基地内的废墟，以进行必要的救生响应和初步恢复行动。

（3）对陆军基地进行必要的结构评估，以确保高级指挥官有能力做出毁伤评估、居住和工作环境决策。

2. 制定程序，在收支平衡的基础上提供现场工程作业服务。

3. 为陆军司令部和陆军基地采用应急管理认证计划标准，为认证过程提供专业知识和领导。

十七、陆军司令部、陆军军种组成司令部和陆军直属单位指挥官

陆军司令部、陆军军种组成司令部和陆军直属单位指挥官负责以下事项：

1. 发布应急管理战略规划，通过阐明陆军的应急管理战略目标和绩效目标来指导司令部的应急管理大纲工作，并提供实施、度量和报告其完成情况的架构。每年审查战略规划，并根据情况进行协调和更新。

2. 在指挥机构的各个级别落实应急管理要求，并按照陆军部总部保卫处（G－34）的指导提供状态报告。报告在提交给陆军部总部之前，必须由指挥系统中的首席上校（O－6）或以上级别的人员进行验证。

3. 书面指定、培训和提供资源给负责管理和实施指挥部应急管理

大纲的协调员。确保下级指挥部和暂驻单位书面指定并培训应急管理协调员。有条件时，确保高级指挥官书面指定、培训和提供资源给应急管理人员。

4. 参加陆军应急管理指导小组；担任司令部层面的工作组成员；指导基地建立应急管理工作组并确保暂驻单位组织参与其中；指导下属单位参与基地东道单位的应急管理工作组。应急管理工作组应作为防护工作组的一部分，作为防护工作组的一个小组委员会，与陆军条例 AR 525－2 中描述的其他防护职能部门具有同等地位。

5. 建立并维护社区备灾计划。指导下属部门和暂驻单位建立并维护社区备灾计划。有条件时，应确保高级指挥官建立并维护社区备灾计划。

6. 确保暂驻单位根据需要安排人员支援基地应急行动中心。有条件时，应帮助高级指挥官配备基地应急行动中心专职人员并帮助形成保障能力，包括为应急人员和地方、州、国防部、联邦或东道国合作伙伴建立、共享和整合通用作战态势图的能力。

7. 每年参与全面风险管理流程，从而减少漏洞，提高能力并确定尚存风险。指导下属指挥部和暂驻单位参与基地的年度综合全险情管理过程，以减少漏洞、提高能力，并确定尚存风险。

8. 提供应急管理监督计划，以确保下级指挥部落实陆军应急管理大纲，并将其整合到东道国基地/独立场所应急管理计划中。利用现行陆军防护项目评估基准，完成年度自我评估。将应急管理整合到指挥部的评估过程中。记录并跟进所有应急管理缺陷和经验教训。

9. 为下级提供政策和规划指导，建立包括独立场所在内的全险情应急管理大纲。指导暂驻单位指挥部参与规划过程，并在东道基地应急管理计划中提供指定的人员支持。有条件时，应确保高级指挥官每年制订、维护、更新和批准基地全套应急管理计划。该计划必须包括基本计划、支持附件、功能区附件、特定灾害附件、一般附件和暂驻单位指挥部的意见。

10. 指导下属制订与基地应急管理计划同步的应急行动计划；确保基地应急行动计划与暂驻单位应急行动计划同步；确保下属和暂驻单位应急行动计划与基地应急管理计划同步。有条件时，应确保独立场所的应急行动计划与当地的支持响应组织相协调。

11. 建立并维护整个司令部的应急管理培训计划，确保高级指挥官、应急管理主管和工作人员根据其在陆军应急管理大纲中的任务接受培训。

12. 实施与国家事故管理系统和事故指挥系统一致的应急管理计划和程序。为基地应急管理计划或应急行动计划中确定的人员制订培训计划，并完成国家事故管理系统的 I 阶段和 IV 阶段工作。

13. 建立应急管理训练计划，针对在年度应急管理演练或实际紧急情况下发现的能力差距/不足，采取改进措施。指导下属和暂驻单位参加基地/独立场所的应急管理训练，以确保其应急管理计划工作得到落实、评估和改进。在有条件的情况下，应确保高级指挥官建立应急管理训练计划，针对在年度应急管理演习或实际紧急情况下发现的能力差距/不足，采取改进措施。

14. 确保下属单位参与基地/独立场所的应急管理训练，以确保其在应急管理计划中的工作得到落实、评估和改进。

15. 建立在年度应急管理演练或实际紧急情况下发现的能力差距/不足的流程，以确保采取的改进措施和所汲取的教训可以解决发现的问题。

16. 如果有条件，发布独立场所的计划和实施指南。

17. 如果有条件，为独立场所建立并维护群体性警报通知功能。

18. 与陆军部总部协调，制订应急管理人力概念计划，使陆军能够完成应急管理任务。

19. 管理基地的陆军司令部、陆军军种组成司令部和陆军直属单位指挥官、国民警卫局局长，应当确保高级指挥官：

（1）在基地建立和维持全面的群体性警报通知能力，以根据相关要求向受保护的人员发出警报或通知。

（2）为应急人员以及地方、州、国防部和联邦合作伙伴建立并维护通用作战态势图。

（3）与陆军部防护局协调关于通用作战态势图和群体性警报通知系统的新采购、部署或合同，以将其整合到可持续性计划中。

（4）在技术上可行的情况下，建立并维护 E911 功能。如果可能或适用的话，美国以外的组织可与东道国当局协调 911 型通信。

（5）支持陆军应急管理大纲，使用基于功能的基地分级和国家事故管理系统资源管理（资源类别）模型。

（6）基地级别支持执行经批准的人力资源模型，并使用经批准的应急管理职位表述。

（7）支持计划目标备忘录和预算执行，以支持陆军领导批准的清晰的关键需求。

（8）根据陆军条例 AR 210 - 14，通过 604 服务区基地状态报告上报基地的状态。

（9）通过 604 服务区基地状态报告系统，报告应急准备和成本情况。

（10）协调各方面工作，确保基地内所有的军事法官参与审查本基地的应急管理计划，以确保其遵守所有法律法规和相关政策。

（11）为下级指挥所、基地、暂驻单位与机构开发和执行应急公共信息程序提供指导。

（12）与有关的公共事务办公室协调工作，审查所有计划，以确保实现所有相关公共事务要求，并将公共事务运营纳入基地的培训和训练计划。

（13）每年进行一次全面的风险管理流程，以减少漏洞、提升能力，并确定尚存风险。

（14）监督应急管理大纲以确保整合的基地/独立场所的应急管理计划充分满足每个基地/独立场所里暂驻单位的需求。

（15）在影响陆军应急管理大纲的领域，与美国陆军工程学院和基地管理助理参谋长协调采购、后勤和工业基地的用户需求。

（16）为美国陆军坦克汽车与军械司令部寿命周期管理司令部提供资源和支持，作为陆军应急管理大纲装备和系统寿命周期的管理者。

（17）确保国有民营和民有民营的基本运营保障服务合同和租赁设施合同中包含的运营规定符合陆军应急管理大纲要求。

（18）通过基地后勤战备中心来支持民众关怀活动，其中包括民众给养团队和大宗配送团队。

20. 支持 DFMWR（家庭、士气、福利和娱乐局）和 ACS（陆军社区服务处）参与民众关怀活动和规划。

21. 负责独立场所（例如，租用的场地、预备中心、仓库、征兵站）的陆军司令部、陆军军种组成司令部以及陆军直属单位指挥官、国民警卫局局长，应当确保高级指挥官：

（1）以书面形式为每个独立场所指定一名应急管理协调员。

（2）确保应急管理协调员为所在独立场所制订应急行动计划和行动概念。

（3）确保应急行动计划每年至少执行一次，有条件时，应协调当地应急组织参与。

（4）为独立场所人员提供群体性警报通知服务。

（5）鼓励独立场所人员注册当地可用的社区警报系统。

（6）每年至少演练两次群体性警报通知系统，以验证个人联系信息的准确性和通知系统的有效性。

十八、陆军军种组成司令部司令

陆军军种组成司令部司令负责以下事项：

1. 与所保障的战区作战司令部司令协调，向陆军基地提供具体责任区域的应急管理需求和指导。

2. 当联合作战指挥部的指导和军种指导之间存在冲突时，此问题将通过指挥系统转交给负责作战计划的副参谋长（G－3/5/7）解决。陆军部防护局应与陆军外部利益相关者进行协调。

3. 为独立场所人员和机构建立并保持全面的群体性警报通知的能力，以向受保护的人员发出警报或通知。

4. 将应急管理系统纳入其计划和行动中。

5. 与联邦和地方政府机构进行协调，在美国本土以外的地方，尽可能与地方政府机构和东道国协调，进行额外的培训和应急管理协调。在可能的情况下，美国本土以外的陆军军种组成司令部应与当地政府机构和东道国协调，以进行额外的培训和应急管理协调。

十九、高级指挥官

高级指挥官负责以下事项：

1. 根据陆军条例 AR 600－20 执行高级指挥官的应急管理责任。

2. 确保军事基地里的暂驻组织做到：

（1）遵守并协助制定陆军应急管理大纲要求，参与东道单位应急管理计划工作，并按照东道基地计划的规定提供人员支持。

（2）参与应急管理计划过程，制订应急行动计划，将其纳入基地应急管理计划，并参与所需的培训、认证、资格认证和训练活动。

（3）根据陆军手册 DA Pam 525－27 完成必要的培训和认证。

3. 建立基地应急管理大纲，以预防、保护、缓解多机构多辖区的紧急情况导致的潜在影响，并酌情与暂驻单位、上级总部、联邦、州、部落、其他服务机构、地方、志愿机构（非政府组织、宗教组织）和私营机构（或东道国）协调，对这些紧急情况进行响应和恢复。在与东道国谈判之前，美国本土外机构应与其支援的陆军军种组成司令部和战区作战指挥官协调。

4. 确保基地应急管理大纲兼容国家事故管理系统与整个陆军防护计划任务保持协调一致。

5. 书面任命一名基地应急主管，负责应急管理大纲的总协调以及与基地相关部门或外部资源的协调。应急主管应当是经过应急管理行动培训，或经验丰富的军官或陆军部文职人员（少校 O－4，文职 GS－12/YC－2 或以上）。

6. 根据卫生服务主任的提名，以书面形式任命一名公共卫生应急官员。公共卫生应急官员应当在公共卫生紧急情况下为保护军事基地、财产和人员提供健康和医疗建议与指导。

7. 与医疗应急主管和公共卫生应急官员、当地或地区代表协调，确保基地应急主管将医疗和公共卫生活动整合到基地应急管理培训计划中。

8. 确保对保障协议进行审查和批准，包括协议/谅解备忘录、援助协议、跨军种保障协议，以及每年涉及应急管理、第一响应人员、应急响应人员、第一接收人员和响应人员服务的保障合同。在与东道国谈判之前，美国本土外机构应与其保障的陆军军种部队指挥部和战区作战指挥官协调。

9. 确保将社区意识纳入基地培训计划，并确保所有暂驻单位和被保障单位/机构按照要求采取适当的步骤来提升应急意识，制订计划并做好准备。

10. 与公共事务官协调，以指定和培训发言人的风险和危机沟通能力。

11. 确保陆军家庭应急准备和外联组织通过其内部网络的外联活动来提升社区意识和防护所有危害。具体组织包括但不限于陆军社区服务处。

12. 确保 DFMWR（家庭、士气、福利和娱乐局）和 ACS（陆军社区服务处）参与民众关怀活动和计划，或者确保为没有 DFMWR 与 ACS 的基地制订适当的民众关怀活动计划。

13. 确保将应急家庭援助中心纳入应急计划、准备、培训和训练中。

14. 确保所有暂驻单位、下属和被支援单位/机构都支持公共卫生应急官员的政策和指南，整合健康监管要求到行动/基地决策支持计划中。

15. 制定基地应急卫生授权的实施指南，权力可扩大到将隔离行动包含在内。

16. 确保医疗支援机构指定国家战略储备联系人/协调员，以监管国家战略储备的计划、能力和培训，并报告应急准备情况。

17. 建立并关注基地应急管理工作组的职能。基地和驻军指挥官应根据国防部指示 DoDI 6055. 17 参与并支持基地应急管理工作组。根据陆军条例 AR 525 -2，应急管理工作组可以并入防护工作组内。

18. 确保针对多机构跨辖区紧急情况的基地响应和恢复措施协调一致，且符合陆军应急管理大纲的目标和要求。这包括在陆军部手册 DA Pam 525 -27 中确定的、适用于各类基地的所有资源的功能与限制。

19. 建立并关注基地应急行动中心的功能。根据基地情况指定基地应急行动中心。所有基地的应急行动中心都应调整并支持陆军部手册 DA Pam 525 – 27 中有关资源类型定义和有关的多年度培训计划要求。基地和驻军指挥官（或其指定的代表）应当参与并支持基地应急行动中心，作为应急和恢复行动期间多部门协调系统活动的关键节点。

20. 确保采用事故指挥系统进行事故级管理，以对影响基地任务、人员、基础设施和环境的所有多机构、多辖区紧急情况进行事故级管理。确保对所有应急机构和环境泄漏进行一级响应，确保应急人员通过符合陆军部手册 DA Pam 525 – 27 要求的培训和认证。

21. 确保关于通用作战态势图、事故管理系统和群体性警报通知系统的所有新采购、野战部署或合同，均与上级总部进行了协调并整合到保障计划中，且得到陆军部防护局的批准。未经批准而新购买或采购这些系统或服务，可能得不到应急管理资金的保障。

22. 确保基地应急主管、基地生理健康总监或医疗支援机构将灾难性事件管理纳入基地应急管理计划中，并制订针对遭受外伤性全险情事件影响的非军事人员的行为保健计划。

23. 与医疗支援机构指挥官协调，向陆军部长提出非国防部受益人的医疗保健（包括行为健康）需求。

24. 在发生全险情事件时，确保开展过相应的演习，并签有协议来分配伤员到各医疗机构接受治疗。应当为应急管理人员和医院人员提供预案，以跟踪和管理非国防部医疗机构中的患者。

25. 确保以下人员受过灾难性事件管理助理培训：10% 的隶属于基地医疗机构的行为健康军官，至少一个隶属于基地的常规陆军旅战斗队的牧师小组，至少两名隶属于基地的陆军战斗应激控制单位中的行为健康军官。对于没有医院来保障行为健康灾难性事件管理的基地，纳入战区卫生司令部行为健康计划和政策来管理。

26. 确保基地应急主管在基地应急管理计划中，明确为受群体性伤亡和其他灾难性事件影响的人员提供宗教援助的规定。

27. 在国外作战环境中的高级指挥官，应参阅技术手册 TM 3 – 11.42，以了解其他任务和职责。

二十、国有民营场所的指挥官

国有民营场所的指挥官负责以下事项：

1. 与承包商协调，确保合同中包含国有民营设施的运营规定，以符合安全和应急管理法律要求。

2. 确保基地没有存储、处理或处置非国防部有害物质，除非得到陆军基地、能源与环境部助理部长办公室或其指定人员以及更高机关的批准。

3. 根据合同规定承担应急管理责任。

4. 在协议批准之前，通过指令渠道协调外部基地应急管理资源支援协议。

5. 确保承包商所有人员接受有关陆军应急管理大纲和特定基地全险情响应要求的必要培训。

6. 指定一名人员（军人、平民或承包商）与美国陆军医疗司令部一起参加灾难性事件管理培训，以充当基地的灾难性事件协调员。

二十一、基地应急主管

基地应急主管负责以下事项：

1. 协调基地应急管理工作组与暂驻单位、上级总部、联邦、州、部落、其他军种、当地志愿者（非政府组织、宗教组织）和私营机构（或东道国），以确保应急管理计划和应急行动计划保持协调一致。根据陆军条例 AR 525－2，应急管理工作组可以合并到防护工作组中。

2. 支持高级指挥官协调基地内各承担保护职能的部门的全险情/威胁风险管理进程。

3. 制订并维护基地应急管理计划、功能领域附件、特定危害附件、支援附件和说明。

4. 将基地应急管理需求集成到资源计划中。

5. 确保基地应急管理个人和团队培训覆盖整个基地利益相关方。

6. 确保将社区意识纳入应急计划、准备、培训和训练中。

7. 确保将应急家庭援助中心纳入应急计划、准备、培训和训练中。

8. 提供专业知识，以支持有关特定基地全险情计划的交流。

9. 每年评估基地应急管理功能。

10. 在基地和地方民事管辖区、私营机构和非政府组织之间建立、维护和行使支援协议，交换资源以解决应急管理预防、保护、减灾、响应和恢复行动的五个应急管理任务领域。无论是由应急主管或其他机构来管理，所有支援协议每年都应进行审核、更新和执行。所有协议由军种法律办公室审查。

11. 有关其他指导和信息，请参见陆军部手册 DA Pam 525－27。

二十二、司令部应急管理大纲协调员

司令部应急管理大纲协调员应按照指挥官的指示，执行第 2—17 段中规定的任务。由国民警卫局局长指定的应急管理大纲协调员应当执行第 2—3 段中规定的任务。

二十三、公共卫生应急官员

任命的公共卫生应急官员负责以下事项：

1. 向高级指挥官提供有关实施应急卫生授权的建议，并将与应急卫生授权相关的行动告知医疗机构和战区卫生司令部司令。

2. 协调并参加与公共卫生备灾和响应相关的演习。

3. 支持医疗应急主管参与基地应急管理工作组，审查基地应急管理计划的医疗附件，以及维护医疗机构应急管理计划。

4. 就应对公共卫生紧急情况的临床政策的实施提供建议。

5. 将有关突发公共卫生事件的医学信息提供给高级指挥官以供决策。

6. 与医疗机构协议主管协调，在制定和维护支援协议方面与当地县和州或东道国公共卫生机关进行协调，以在审核过程中提供咨询和帮助。

7. 与高级指挥官合作，以确保将社区意识（“准备充分的陆军”行动）纳入与医疗相关的应急计划、准备和培训中，并提供专业知识来支持相关指南和计划的交流。

第三章　行动计划

一、概述

1. 应急管理大纲使用内外部组织协调整合后的职能资源。首先，以通过预防、保护和减灾措施来减少紧急情况损害陆军社区的风险；其次，提高团队响应和恢复的能力，以应对所有自然灾害、技术灾害和人为灾害（包括可能对辖区、被支援任务、受保护的人员造成影响的恐怖主义），并保障常规及关键的基础设施。

2. 陆军制订并维持应急管理大纲的综合计划，该计划利用与基地有关的建制能力来管理本地事故。根据事故的严重性，可以通过经批准的支援协议获得当地的州、地区或联邦机构的外援。

二、行动架构

1. 应急管理大纲的指挥监督。陆军司令部、陆军军种组成司令部、陆军直属单位和陆军国民警卫队对下级指挥部、基地，暂驻单位、场所和机构进行监督，以协调计划和资源使用。

2. 管理基地的司令部应当使用等级概念，将基地等级分为 I 到 V 级。这是基于资源和能力的四类划分法，其中第 V 级的基地被豁免，第 IV 级（基准）基地具有最低的建制应急管理能力，直到达到第 I 级（专业），每个级别的核心能力都会不断提高。

（1）标示基地等级的过程或结果并不强制要求设立新机构，例如消防和应急服务处、应急医疗服务处、爆炸物处理单元、执法部门或医疗机构。如果陆军基地中已经存在这些功能领域（例如消防和应急服务处），该基地等级的相关表述也不会消除管理这些功能领域的独立政策要求。

（2）如下所述，基地所承担的任务仍然决定各分级标示的相对重要性，并确定了人力、训练、装备部署和保障工作的优先顺序。如果任务或人口驱动因素增加或减少了基地的建制或外部能力，则基于能力的架构就能够以一种成本效益高、可持续的方法来适应和处理新的运行环境。

（3）基地的分级要求组建任务组织化、矩阵化的团队，必要时利用现有的资源能力与指挥、控制和通信，后送管理、民众关怀行动、伤员洗消和恢复行动的能力，以履行法律、政策或法规赋予的职能和任务。

3. 独立场所（例如，租赁场地、储备中心、军械库和招募站）内人员的责任单位，负责以下事项：

（1）要求这些机构开发应急行动计划，并按照相关要求的描述，将这些场所内人员纳入群体性警报通知系统的覆盖范围。

（2）与当地的支援响应组织协调应急行动计划。

三、基地等级的标示

1. 管理基地的司令部，应与负责作战计划的副参谋长（G－3/5/7）协作，并根据高级指挥官的指示履行这一职能。基地的分级是以应急管理能力为基础，通过建制与（或）外部资源的组合来获得和保持的应急管理能力。各基地等级所需的应急管理能力，可以是建制的、本区域内的，也可以由联邦、州、部落、当地、其他军种和私营机构（以及东道国合作伙伴）通过建立保障协议或保障合同提供的。

2. 下面的5级系统，其能力按自下而上逐步提升。第Ⅳ级是能力最低的级别，随着建立在与国家事故管理系统和联邦应急管理局响应508系列一致的核心能力的提升，逐步到第Ⅰ级（专业级）。以下只是本法规中详细总要求的摘要。

（1）第Ⅰ级基地（专业级的应急管理能力）。根据29号联邦法规CFR 1910. 120q和国家消防协会NFPA 472标准（危险材料/大规模杀伤性武器事故响应人员的能力标准），专业级应具备在污染环境中进行进攻性行动的能力，包括伤员救援、伤员洗消和取样操作，以有效地响应、控制、识别和减轻危险性事件的影响。就陆军应急管理大纲中的各种危险而言，该定义包括能够有效应对、遏制、识别和减轻各种自然、技术、人为灾害（包括恐怖主义威胁或事件）影响的能力。通过适当的组织、培训、认证和装备，该级基地应已为应对上述灾害做好了准备。

（2）第 II 级基地（行动级的应急管理能力）。根据 29 号联邦法规 CFR 1910. 120q 和国家消防协会 NFPA 472 标准，行动级应具备在受污染环境之外进行防御性行动的能力，包括伤亡人员的洗消，以有效地应对和限制危险材料事件的影响。就陆军应急管理大纲中表述的全险情而言，该定义包括能够有效应对和遏制任何自然、技术、人为灾害（包括恐怖主义威胁或事件）影响的能力。通过适当的组织、培训、认证和装备，该级基地应已为应对上述灾害做好了准备。

（3）第 III 级基地（认知级的应急管理能力）。根据 29 号联邦法规 CFR 1910. 120q 和国家消防协会 NFPA 472 标准，认知级应具备识别潜在污染环境并采取防护措施的能力，包括后送、安全避难所、庇护所和就地庇护所。就陆军应急管理大纲中的全险情计划而言，该术语包含识别可能会对基地在正常运行期间造成影响的各种潜在危害或紧急情况的能力，包括自然、技术、人为灾害（包括恐怖主义威胁或事件）。

（4）第 IV 级基地（基准级的应急管理能力）。基准级的能力是识别任何潜在危害或紧急情况的能力；向所属人员/工作人员提出保护措施与建议；并以最小的建制应急响应能力协调行动。所有响应请求都需要外部提供支持和协助。基地必须协调人员后送和就地庇护，并支援当地辖区的响应和恢复行动。就陆军应急管理大纲而言，术语“全险情”包括基地在正常运行期间，可能受到影响的各种潜在危险或紧急情况，包括自然、技术、人为灾害（包括恐怖主义威胁或事件）。

（5）第 V 级基地（特殊基地、设施与机构）。管理基地的司令部（主要是陆军装备司令部）已经确定了部分基地、设施和机构作为特殊基地、设施与机构，不由陆军直接提供资源来实施或支援陆军应急管理大纲需求。第 V 级基地通常是指与陆军装备司令部所属的国有民营和民有民营设施。

第四章　大纲管理

一、大纲管理

该政策至少应记录任务、目标、目的、要求、程序、角色和职责、预算过程、记录管理和评估过程。有关指挥官作用的详细信息，请参见陆军部手册 DA Pam 525－27 以获取。

二、陆军部总部保卫处（G－34）应急管理大纲主管

陆军部总部保卫处（G－34）计划主管由陆军部防护局书面任命。陆军部总部保卫处（G－34）应急管理大纲主管负责制定和管理所有与陆军应急管理大纲的实施和执行相关的政策，领导陆军应急管理指导组，并担任陆军在国防部应急管理指导小组和国际应急管理人员协会军警核心小组的代表。陆军部防护局是在国防部计划、方案、预算和执行系统内开发计划目标备忘录时，高可见性基地防护程序管理决策评估包的指定主管机关。

三、应急管理协调员

1. 需求。所有负责应急管理的各级组织都应指派一名应急管理协调员，负责本机构的陆军应急管理大纲的开发、实施和保障。根据需要，应急管理协调员通常是上一级别应急管理工作组在本单位的代表，对所代表的应急管理工作组负责。应急管理协调员负责各自级别的所有应急计划、政策、协调和整合。每个级别的应急管理协调员负责收集应急管理资源需求，并进行优先级排序，以便将计划目标备忘录提交至上

一级别总部。

2. 司令部应急管理大纲协调员。陆军司令部、陆军军种组成司令部、陆军直属单位和陆军国民警卫队的应急管理大纲协调员根据指挥关系，执行第二章中明确的任务。

3. 应急主管协调员。根据需要，陆军司令部、陆军军种组成司令部、陆军直属单位的指挥官和陆军国民警卫队主任可以为其下属司令部任命 1 名应急管理协调员；但是，他们应为下属单位的每个基地至少任命 1 名应急管理协调员。

（1）所有独立场所应以书面形式指定一名应急管理协调员。

（2）应急管理协调员作为应急管理工作组的代表，负责协调和完善应急行动计划，并确保将其纳入东道基地应急管理计划中。

（3）根据需要，应急管理协调员是基地应急行动中心的指定代表。

四、应急管理

1. 基地应急主管。按照第二章中的规定，基地应急管理人员应当接受适当的培训并以书面形式任命。基地应急主管对高级指挥官负责，负责制定、执行和维持基地应急管理大纲、支援应急管理能力。基地应急主管负责从备灾到恢复的整个应急管理寿命周期的管理。

2. 医疗急救主管。医疗机构指挥官必须以书面形式任命军事人员或陆军部文职人员担任基地应急主管，需经过医疗应急管理培训且具备丰富经验，并承担医疗应急主管的附带职责。

五、基地的标准化组织

本法规在职位、责任和权力方面，使用陆军部手册 DA Pam 525 - 27 中的组织模式作为参考。所参考的组织可能与目前在基地一级使用的组织不同。鼓励高级指挥官根据当地情况调整计划职责，以确保执行的简便性和角色职责的明确划分。不受基地管理司令部管辖的基地，应对照陆军部手册 DA Pam 525 - 27 中明确的基准组织，统一现有组织结构中的相关组织或个人的职责。本法规或陆军部手册 DA Pam 525 - 27

均未强制要求更改现有的基地或驻军组织。

六、咨询委员会

1. 目标。各咨询委员会应为各自级别的陆军应急管理大纲的开发、实施、评估和维护提供意见与协助。各咨询委员会应积极参与并致力于各自级别应急计划的制订与协调、集成与执行。在可能的情况下，可以根据陆军条例 AR 525 –2 将应急管理工作组合并进防护工作组以提高效率。

2. 陆军应急管理指导组。陆军应急管理指导组应在全陆军范围内协调和同步陆军应急管理大纲的实施运行。陆军应急管理指导组应支持负责作战计划的副参谋长（G –3/5/7）向陆军防护计划、国防部应急管理指导组和其他国防部、联合体或联邦实体提出陆军的需求。

3. 总部应急管理指导组。陆军司令部、陆军军种组成司令部、陆军直属单位和陆军国民警卫队应建立应急管理工作组，以协调和管理所属单位应急管理大纲的开发、实施、执行和管理。

4. 基地应急管理指导组。陆军的所有基地都应批准并维持一个基地工作组，作为其应急管理大纲的核心组织。该工作组应在整个陆军基地、所有下级司令部和暂驻单位之间协调和同步陆军应急管理大纲的实施运行。应急管理工作组应至少由以下人员组成：高级指挥官或指挥官代表、基地应急主管、防护与公共卫生应急官员及（或）相关职能领域代表。

七、大纲维护

1. 政策维护。陆军部防护局会每年审查该法规，并考虑应用程序或并行策略的更改，或联邦法律法规、国防部和联合工作人员政策以及服务法规和要求的程序更改。副参谋长（G –3/5/7）（陆军部防护局）负责根据本年度审核流程对该法规进行变更通知、更新和修订。

2. 程序状态报告。司令部应急管理大纲协调员和基地应急主管应根据陆军部总部指南，报告应急管理状态。

3. 大纲审查。指挥官应进行年度全面大纲审查，以评估应急管理大纲实施的有效性和充分性。

第五章　应急计划

一、应急计划概念

1. 概述。应急计划是以下过程：首先，为特定辖区内应急管理的所有阶段建立任务、要求和行动计划；其次，指导辖区内已确定的应急管理能力的开发；再次，使指定职能领域的行动与既定的行动计划保持一致；最后，确定辖区内针对每一种已确定危害的具体行动。有效的计划可以反映应急管理大纲的目标和宗旨，以及实现这些目标所需的行动。

2. 基于能力的计划流程。应急管理大纲需要基于能力的应急计划流程，以便有效地开发、采用和维持适用于所有已确定险情的响应和恢复能力。应急管理计划应具有足够的灵活性，可用于包括不可预见事故的所有紧急情况，但又足够详细，可以为指挥官提供行动方案，以便对任何事故进行预先计划的响应。

3. 应急计划责任。应急计划应在陆军司令部、陆军军种组成司令部、陆军直属单位和陆军国民警卫队级别以及基地和暂驻单位组织级别实施。应急计划是由已建立的应急管理工作组实施的，该工作组在司令部应急管理大纲协调员或基地应急管理人员的技术指导下开展工作。

4. 战略规划。应在所有适用的组织级别上进行战略规划。战略规划根据陆军指导实施，并且应与国家事故管理系统和国家备灾系统保持一致。战略规划应描述组织的愿景、任务、目标、目的、业务和财务规划，以及适时为陆军、各司令部或基地提供应急管理能力的里程碑。业务规划应描述该组织投资、采购和保障等，与应急管理大纲相关的财务、人力、有形和无形资源的规划。业务规划应包括财务流程的确定和大纲的限制。

（1）对陆军部总部保卫处（G－34）的要求。陆军部防护局将为陆军应急管理大纲制定并维护战略规划，使其与被支援的陆军和国防部单位的战略规划保持一致，包括国防部副部长助理（负责基地和环境）作为国防部指示 DoDI 6055. 17 的计划发起人。战略规划应由陆军部总部保卫处（G－34）或其指定代表批准，并根据需要进行更新。

（2）对司令部的要求。陆军司令部、陆军军种组成司令部、陆军直属单位和国民警卫局应制定并维护与陆军部总部保卫处（G－34）战略规划相一致的跨司令部范围的应急管理计划。司令部的计划应由指挥官或其指定的代表批准，并根据需要进行更新。该计划将为下级司令部和基地提供政策、标准和指南，并规定所属单位应如何使用纲领性标准来开发所需的应急管理能力。

（3）对基地的要求。司令部级指南可以包含在基地应急管理计划中，也可以根据当地要求作为单独的指南来制订，但应包括在总体计划过程中。应急管理计划应由高级指挥官或指挥官指定代表批准，并根据需要进行更新。基地应急管理计划应规定特定辖区（受陆军管辖的陆军基地和独立场所）应如何开发和利用资源化的能力和作用，以根据已确定危害整合指定的功能区来完成分配的任务。基地应急管理计划的首要聚集点是通过协调开发和使用应急管理能力，降低高级指挥官因各种危害发生紧急事件的风险。

（4）对暂驻单位或独立场所的要求。应急行动计划应规定驻扎在国防部基地或独立场所中的特定司令部或部队，如何在全险情事件中计划和实施所需行动。暂驻单位应急行动计划的首要聚集点是在紧急情况下同步其内部各单位的行动。

二、基地应急管理计划

1. 基地应急管理计划着重于在辖区内发展应急管理能力，并在提供支援的辖区之间协调这种能力。作为非机密文件，基地应急管理计划应列举其法律依据，说明其任务、目标、目的和宗旨，界定计划的制订和维护程序，并回应各种想定情况。

2. 所有基地都应制订应急管理计划，该计划将基于通用的应急管理和事故管理结构提供详细的行动计划，以预防、响应所有已确定危害并从中恢复。基地应急管理计划应得到充分协调，以确保其他防护程序、计划和命令（例如，反恐、持续作战、消防和应急服务、石油和有害物质泄漏以及环境问题）的整合。适当地集成可以协调设施内各应急响应单位的整合，减少重复，并简化计划的开发和维护流程。该计划还应包括与医疗支援应急主管的计划协调要求。基地应急管理计划应由高级指挥官或指挥官指定的代表批准，并根据需要进行更新。根据陆军条例 AR 525－2，应急管理计划应作为综合防护计划的一部分。应急管理计划应遵循既定的陆军格式惯例，并将至少包括以下内容：

（1）指挥与控制。

（2）可互操作的第一响应人员通信系统（E911、计算机辅助调度和陆地移动无线电）。

（3）群体性警报通知。

（4）社区意识。

（5）事故指挥。

（6）后送。

（7）就地庇护所。

（8）人员问责制。

（9）业务连续性。

（10）恢复行动。

（11）职能领域附件。

（12）特定危害响应和恢复计划。

（13）应急公共信息。

（14）应急家庭援助中心。

3. 基地负责以下事项：

（1）吸收从风险评估中获得的观察结果和经验教训。

（2）涵盖基地内外关键的基础设施，这可能会影响基地执行任务的能力。

（3）包括带有指定呼号序列的通信标准操作流程，以与联邦、州、地方、部落、地区或东道国合作伙伴进行协调。

（4）每年审查一次应急计划，推动计划改进，并确保将国防部指示 DoDI 3020. 52 中的指南包含进来。

三、风险管理流程

1. 概述。风险管理是应急管理的重点，也是一个持续的过程，随着危险的确定、减灾行动的完成、预防能力的发展和使用，以及环境管理能力的发展而不断发展，以应对已确定危害并从中恢复。该过程优先考虑基地的能力培养工作并同步对其指导，以培养在灾害影响辖区时响应紧急情况并从中恢复的能力。如果没有建制内能力，应考虑在可能的情况下执行与联邦、地区、州、部落、当地、志愿者和非政府组织、私营企业或东道国合作伙伴的保障协议来缩小资源缺口。高级指挥官与联邦、地区、州、部落、当地、志愿者和非政府组织、私营企业或东道国合作伙伴（包括应急管理机构、应急服务以及其他响应和恢复合作伙伴）签订保障协议或提供协议草案。

2. 需求。每个基地和设施都应确定有可能影响辖区的威胁和危险，及其发生的可能性，以及所支援的任务、所属人员、财产、环境和整个辖区面对这些危险的脆弱点。一旦确定下来，基地应立即采取措施减轻已确定危害的潜在影响或预防危险，以减少这些危险的后果。风险管理流程优先考虑基地的能力培养，并同步对其进行指导，以开发在灾害影响辖区时响应事故并从中恢复的能力。在全险情框架中，从脆弱点、后果以及预防、保护、减灾的角度出发，采用整体方法评估风险，以评估包括犯罪和恐怖主义危害的各种灾害，及从其中恢复的能力。

3. 概念。应急管理大纲中的风险管理侧重于整个基地和整个群体的风险，而不是仅仅针对关键资产或关键基础设施级别的风险。

（1）风险管理的四个原则：

A. 将风险管理集成到任务和行动的所有阶段。

B. 在适当的级别上做出风险决策。

C. 不承担不必要的风险。

D. 周期性且连续地使用风险管理。

（2）风险管理的五个步骤遵循与行动流程相关的逻辑顺序：

A. 第 1 步：确定危害。

B. 第 2 步：评估危害。

C. 第 3 步：制定控制措施并做出风险决策。

D. 第 4 步：实施控制。

E. 第 5 步：监督和评估。

（3）风险管理流程包括八个支持性评估活动：

A. 危急评估。

B. 危害评估。

C. 威胁评估。

D. 漏洞评估。

E. 后果评估。

F. 能力评估。

G. 相对风险确定。

H. 需求评估。

四、社区概况概念

1. 概述。掌握社区概况是制定基地应急管理大纲的第一步。这个概念的核心是在备灾阶段对有限的资源进行确定并分配优先级。这个概念包括收集人口统计数据与基础设施信息、人员分类和基地分区。该过程的执行需要得到所有司令部和暂驻单位的支持和参与。

2. 需求。所有基地均应开发并维护基地内社区概况文件。社区资料应包括以下基本信息：

（1）基地内基础设施。

（2）基地内人员分类。

（3）基地内人口密度和分布。

（4）基地分区情况。

3. 目标。基地内社区概况文件的目标如下：

（1）确定受保护人群的特征和位置。

（2）确定资源以保护人群。

（3）根据已确定的需求优先级来补充已明确的资源缺口。

五、暂驻单位应急行动计划

暂驻单位应开发应急行动计划，以使应急行动与基地的行动同步，以便支持并执行对所属人员的保护行动建议，以及支援响应和恢复行动。此要求适用于所有访客、来宾和承包商以及一般指定的人员。当连续性计划要求超出了暂驻单位应急行动计划的预期、范围和内容时，应在连续性计划中进行记录，但不能降低对暂驻单位应急行动计划的要求。暂驻单位应急行动计划应由指挥机构或指挥官指定的代表批准。

六、独立场所应急行动计划

独立场所应与其上级组织协调制订应急行动计划。应急行动计划应解决包括无差别枪击事件在内的各种灾害，并采取以下应急措施：就地庇护所、后送、通信和人员问责制。独立场所应急行动计划应由指挥机构或指挥官指定的代表批准。

七、其他计划要素

1. 减灾计划。在基地应急主管的技术指导下，由基地应急管理工作组与基地防护工作组和基地公共工程代表协调，执行基地级减灾计划。减灾计划应描述与风险管理过程中已确定危害相关的物理、信息技术和非物质减灾策略。在恢复阶段，当人们的风险意识很高且资金充足的情况下，减灾计划应考虑重新设计或迁移场所和基础设施。

2. 预防计划。预防计划应由基地应急管理工作组在基地级别进行协调，并由基地防护工作组和有关医疗机构计划以及“部队健康保护”计划来执行。

第六章　备灾活动

一、基地的备灾工作

备灾工作包括在紧急事件发生之前进行的所有活动，以做好1—5类人员准备，响应紧急事件并从中恢复。尽管减灾和预防措施可以减少灾害对基地的影响，但这些措施并不能消除与所有灾害相关的风险。备灾活动通过“准备充分的陆军”社区备灾倡议（针对受保护的民众）和持续性工作（针对第1类人员）提高基地内社区的韧性，并通过组织、人员配备、培训、装备、演习、评估与维持第一响应人员和急救人员（第5类人员），来提高基地的响应和恢复能力。防护工作的组成部分包括风险管理、应急计划、连续性计划、机构间协调、社区备灾、资源管理、C3能力开发、培训和教育、装备、训练和评估。综合采取各种备灾措施以降低确定险情导致的风险。有关人员分类的其他信息，请参见美国陆军部手册DA Pam 525－27。

二、机构间的协调

基地、医疗机构、独立场所应急管理大纲应与相应的联邦、州、部落、其他军种、当地和私营机构（或东道国）应急管理机构和部门进行协调，以确定和更新责任联络点、应急协议，以及紧急情况发生或影响陆军基地时的预计后果。该项任务应包括事先与美国武装部队、国防部各部门和美国海岸警卫队管理的其他邻近军事基地进行应急管理协调。该项任务应每年至少执行一次并形成正式文件。在美国国内，民事协调工作主要包括：基地应急主管和来自州应急响应委员会、地方紧急备灾委员会、城市医疗响应系统、国家战略储备和联合反恐特遣队中指定职能领域的有关代表（如果当地战区内有此类委员会/系统）。应急管理大纲应确保海外合作事项协调工作按照战区作战指挥官需要和指示来开展。

三、社区认知度

基地和司令部应建立并维护社区备灾计划，以确保向士兵、家属和平民提供有关个人及家庭应急准备的指导。社区意识和应急准备信息应每年对所属人员及其家属进行一次宣传，或根据当地的危险和威胁情况增加宣传次数。社区备灾工作的目标是确保个人和家庭应准备好在基本保障（例如，水、食物和应急物资）恢复之前至少生存 72 个小时。紧急备灾知识与信息获取途径：http：//www. ready. army. mil/ 和 https：//www. ready. gov/。

四、互操作性

应急管理大纲应与当地民事管辖区和其他陆军基地的计划保持一致，以确保有效、高效地响应和恢复多机构多辖区紧急情况。可以通过机构间协调协作和全方位参与应急管理，来确定和改善装备、通信系统和其他应急管理功能的互操作性要求。

五、应急公共信息

在紧急情况发生之前、期间和之后，各辖区负责向其受保护人群提供应急公共信息。应急公共信息的目标受众应包括该基地内受保护人群、周围的平民社区、民间媒体以及有关联邦、州、部落、其他军种、地方和私营机构（或东道国）。所有基地都应根据国防部长公共事务助理和公共事务主管办公室的指导意见，制定紧急情况下媒体沟通管理风险的相关政策和程序。

六、民事支援

1. 需求。响应当地社区的紧急事件是地方和州政府的责任。根据国防部指令 DoDD 3025. 18，美国军方由于其特有的能力和资源，可能会被要求通过既定渠道在紧急情况下向地方政府提供短期临时性应急支援。有关详细信息，请联系在陆军军种组成司令部支援的委任民事支援代表，并查阅国防部手册 DoDM 3025. 01，国防部指令 DoDD 3025. 18 和陆军技术出版物 ATP 3－28. 1。

2. 即时响应权限。指挥官应仅在上级主管部门允许的情况下，向地方政府提供军事支援，除非“即时响应规则”直接适用的情况。当地政府部门可以申请对任何命令即时响应。国防部指令 DoDD 3025. 18 的即时响应权限是指，指挥官在现有保障协议之外的紧急情况下，为挽救生命、阻止人员遭难或减少巨量财产损失而采取的任何形式的即时行动。指挥官必须在即时响应后尽快（2 小时内）向上级总部报告。

第七章　国家事故管理系统

一、国家事故管理系统概述

国防部指示各军种在所有国内基地中，采用并实施与国家事故管理系统和事故指挥系统一致的程序。国家事故管理系统和配套的事故指挥系统是联邦、州、地方、部落和地区政府有效合作的主要渠道，可以预防、保护、减轻国内灾害（不论其原因、规模或复杂性）的潜在影响，对其做出响应并从灾害中恢复。国家事故管理系统将现有的最佳实践经验集成到全军范围内统一的事故管理方法中，该方法适用于全险情背景下所有辖区级别和跨职能领域，同时提供联邦、州、地方和部落能力之间的互操作性和兼容性。

二、分阶段实施

1. 概念。国家事故管理系统分四个阶段实施。不同级别的部队随时可能处于不同阶段。这四个阶段是：

（1）第一阶段：采用国家事故管理系统概念和原则。

（2）第二阶段：明确相关计划、政策和程序。

（3）第三阶段：更新相关计划、政策和程序。

（4）第四阶段：支持国家集成中心的标准，包括后续培训、演习和程序认证。

2. 国家事故管理系统管理员。陆军部总部保卫处（G－34）是美国陆军的国家事故管理系统管理员。该处副处长拥有陆军国家事故管理系统管理员签字权。陆军国家事故管理系统管理员计划的目的，是在陆军内部建立符合国家事故管理系统要求的独立应急管理培训和认证计划，并为设计、开发、实施和评估所有此类训练提供标准化方法。陆军部总部保卫处应成为联邦应急管理局应急管理研究所和陆军部之间的唯一联系点。所有的陆军部人员，不论军人、文职人员还是承包商，都应通过陆军部总部保卫处进行协调。

三、维护与报告

1. 国家事故管理系统和事故指挥系统培训合规性情况应通过604服务区的陆军应急管理设施年度状态报告，以及全面运行能力和州属行政管理局季度报告进行上报（内部）。

2. 被指定为下级国家事故管理系统管理员的司令部应使用最新的陆军部总部报告指南，向陆军国家事故管理系统管理员提供年度国家事故管理系统培训报告（外部）。

3. 司令部应急管理大纲协调员（在上级总部）和基地应急主管应保留这些报告的合订本副本，作为应急管理大纲记录的一部分，保存期限不少于三年。

四、资源管理

陆军应急管理大纲应采用基于国家事故管理系统的资源管理程序，以在基地级别确定资源分配的优先级。每个辖区应执行通用程序，以查找、获取、存储、分发、维护、测试和解释为支持应急管理大纲而购买或应用的服务、人员、资源、材料和设施。

1. 资源分类：

（1）过程。基地应急主管负责合并资源清单条目与（或）指定功能区提交的材料。基地中的功能区负责将可用于部署的所有资源输入到由基地维护的资源清单中。此资源数据将开放给提供支援的基地调度中心和基地应急行动中心。功能区负责与所分资源的寿命周期管理相关的资源和财务管理，未经上级总部的书面批准，此职责不会转入应急管理大纲。

（2）国家事故管理系统一类资产。当描述应急管理资源时，陆军应急管理大纲应使用国家事故管理系统的现行一类资源类型定义。国家事故管理系统第一类定义适用于大多数消防和应急机构、应急医疗机构、执法能力以及许多公共工程部门资源。在国家事故管理系统第一类定义中，没有定义或适当描述基地级别的民众关怀、后送管理和恢复资源。

（3）州和地方的国家事故管理系统二类资产。陆军应急管理大纲应符合国家事故管理系统要求，以尽可能为当地应急管理大纲开发标准化的资源类型定义。所有基地应根据陆军部手册 DA Pam 525 - 27 中提供的陆军资源类型定义实施资源分类过程。基地应对所有资源进行分类，这些资源被所在辖区确认或被已批准保障协议或合同所确认。基地程序可为计划过程中确定的其他国家事故管理系统二类资产制定本地分类标准。基地将本地分类标准通过其支援的司令部提交给陆军部防护局，以此来加强对基地的管理。

2. 财务管理。根据国防财务会计服务处手册 37 - 100，基地应急行动中心的财务和管理部门将开发标准化程序，以快速开发和管理应急经费会计代码，追踪包括根据保障协议和保障合同产生的所有应急费用。基地应急行动中心的财务和管理部门还应合并和转发在损坏评估过程中确定的成本估算，将其转发给管理基地的有关司令部，并按指示发送给陆军军种组成司令部。管理基地的司令部负责开发通用应急资金记录项，以汇总多个基地同时使用的各种应急经费会计代码。

3. 志愿者及捐赠管理：

（1）要求。志愿者和捐赠管理是指，由独立的志愿服务机构或个人提供的志愿服务和捐赠物品，以及自发且没有明确资源要求的捐赠物品。基地应急管理计划应当建立程序，以不干扰正在进行的响应和恢复工作的方式，组织协调自发的服务或货物的接收。陆军社区服务处负责志愿者管理。捐赠管理是应急家庭援助中心的职能。

（2）限制条件。《美国法典》第 31 卷 1342 号规定，禁止美国政府官员或雇员接受志愿服务以完成政府日常职能，但“涉及人员生命安全或财产保护的紧急情况”除外。这可能包括陆军应急管理大纲内的响应和恢复行动。有关其他信息，请咨询基地的法务助理。

（3）执行。DFMWR（家庭、士气、福利和娱乐局）局长是民众关怀活动的负责人，其中包括志愿者和捐赠管理。鼓励 DFMWR 与具有公认的志愿者或捐赠管理经验的私人组织、非政府组织和宗教组织进行协调，以接收和确保正确使用这些服务和物品。对于志愿服务，建议在可能的情况下，将非拨款资助场所作为此类志愿服务的接收办公室。DFMWR 应就此过程咨询法律顾问。

第八章　连续性计划

一、连续性计划

应急管理大纲应支持和补充政府计划和基地行动连续性计划的连续性。制定陆军条例 AR 500－3 是为了确保在所有情况下基本职能任务的连续性、年度连续性演习的连续性、备用总部和连续性设施集中协调的连续性。陆军条例 AR 500－3 确立了职责、政策和计划指南，以确保在任何情况下都能保证陆军关键任务的有效完成和基本职能任务的连续性。所有与陆军部连续性相关的场所应在陆军行动连续性计划下进行协调和管理。

二、业务连续性

业务连续性是支持业务流程与程序连续性的过程，包括零售和供应链业务。几乎所有陆军基地商业业务的形式表现为：陆空军外币兑换服务，国防物资局，加油站、快餐店、银行营业厅和服务处，以及个人服务提供商。所有企业都应根据国家消防协会 NFPA 1600（灾难/紧急情况管理和业务连续性/运营计划连续性标准）制订业务连续性计划。所有同意在灾后恢复组织中发挥作用的企业都需要制订业务连续性计划，包括陆军部手册 DA Pam 525－27 中详述的恢复工作组。

三、连续性服务提供方

连续性服务提供方应被指定为第 1 类人员，包括为支持已确定基本职能任务而提供服务的所有人员。其中应包括基地管理、公共工程人员、信息技术提供商、电力或公共服务提供商、应急发电机操作员、运输业经营人员、设备操作员以及其他熟练的保障人员。第一响应人员和应急响应人员（包括公共工程部人员或直接支持预先计划的响应与恢复工作的其他服务提供商）将仍然被指定为第5类人员。服务提供商可能需要基地访问权限，但只有在行动连续性计划的特定部门的激活下，他们才被授予与基本职能任务相关的特定区域的访问权限。

第九章　指挥、控制和通信

一、事故和统一指挥系统

在应急管理大纲中的所有紧急情况下，所有第 I—III 级基地都应采用事故指挥系统。对于涉及多个辖区，由多个机构分别负责的辖区或具有多个机构参与的多个辖区的事故，需要根据国家事故管理系统来统一指挥。在统一指挥下，将由协调统一的、独立的事故行动计划来指导所有活动。统一指挥官应监督一个独立的指挥参谋组织，并负责事故的全面管理。

二、多部门协调系统

根据国家事故管理系统，多部门协调系统由设施、设备、人员、程序和通信组合集成为一个通用系统，负责协调和支持国内事故管理活动。多部门协调系统的重点是基地级别的战略与行动任务以及对事故指挥官的保障。

三、基地应急行动中心

所有高级指挥官应支持在国家事故管理系统中建立的多部门协调系统计划和程序。所有基地都应建立、维护和运行一个独立的基地综合应急行动中心。在（可能）影响基地的任务、人员或设施的应急行动期间，基地应急行动中心应提供信息管理、资源管理、协调和应急通信。基地应急行动中心独立且区别于事故指挥所，两者功能不同。其他与陆军应急管理大纲相关的多部门协调系统实体，应当包括联邦、州、部落、其他军种、地方和私营机构（或东道国）的运营中心，以容纳国家行动中心、联邦应急事务管理局区域响应协调中心、联合野战办公室（成立时）以及州和地方的应急行动中心。所有基地均应建立一个相应类型的基地应急行动中心团队，并使用事故管理模型。基地应根据具体情况运行应急行动中心，并根据事故规模独立运行事故指挥部。应急行动中心指南也适用于部门级的行动中心。

四、基地调度中心

所有基地的调度中心都应支持：向第 1 类人员发出紧急通知，向第 2—4 类人员（受保护的人员）发出群体性警报，派遣第 5 类人员，紧急情况下响应人员可以获取信息支援，并向有关医疗机构和医院发出紧急通知。

五、群体性警报通知

1. 要求。根据国防部指示 DoDI 6055. 17、国家事故管理系统和国家消防协会 NFPA 1600，所有基地和独立场所都应具有在紧急情况下迅速警报并通知人员的功能。所有基地都应开发群体性警报通知（多模式）功能，并按照相关要求的规定向受保护的人员发送警报信息。作为其日常工作的一部分，所有基地都应与其支持的军用与民用气象服务机构、地质勘测机构（依据灾害类型）以及其他警报提供方进行警报协调，并且应每半年至少协调 1 次。在国内的所有基地都应通过应急警报系统，与负责发布天气和非天气应急消息的指定机构协调警报信息。

2. 警报通知。群体性警报通知系统可以及时发布可能对受保护人群（在国防部基地内外）有影响的危险和威胁的警报与警告，从而有时间采取适当的防护措施。

（1）需要立即采取行动的警报通知，必须在事故通知核实后 2 分钟内发布给有关地理区域内受影响的国防部人员，无论他们属于哪个部门。

（2）在启动后的 10 分钟内，群体性警报通知系统应传达到 90% 的目标受众，或提供具体的保护措施建议（群体警报）给 90% 以上的受保护人群，和 100% 的指定应急管理人力资源（包括第一响应人员、第一接收人员和应急响应人员）。

（3）启动后 1 小时内，所有群体性警报通知系统都应传达到 100% 的受保护人群。

（4）应设计程序和过程，尽可能减少通知所需的时间，以便有尽可能多的时间来采取必要的保护措施。

（5）应努力在事故证实后的 2 分钟内启动来自独立场所的人员的警报通知（例如，胁迫、现场报导），并通过拨打 911 与当地应急响应部队联系。

3. 受保护的人员。群体性警报通知解决方案涵盖的受保护人群分为主要人群和次要人群：

（1）主要人群。所有日常工作地点在国防部基地或独立场所内的国防部军事和文职人员以及合同保障人员（即“国防部徽章持有人”）都被视为主要人群的一部分。

A. 群体性警报通知系统能够在要求的时限内向主要人群提供警报通知并确认收到通知。

B. 主要人群的成员应确保其个人联系方式，包括下班时段的联系方式，如个人手机号码或座机号码、电子邮件地址、家庭住址等均输入进系统中，每 90 天进行更新或核实，以保持实时准确。

C. 鼓励使用智能设备（例如，平板电脑、手机）的人员启用定位服务，以确保在特定地理区域内及时发送警报和警告。群体性警报通知系统不会跟踪或保留单个位置数据的记录。

（2）次要人群。与主要人群相关的家庭成员、客人、访客和其他可能受影响的人员被视为次要人群。

A. 群体性警报通知系统可在要求的时限内向次要人群提供警报通知。

B. 强烈建议次要人群的成员在系统中输入个人联系信息，包括个人手机号码、座机电话号码（如果有的话）、电子邮件地址等，并在合适的时间定期验证或更新信息以确保前述信息最新且准确。

六、增强型 911

在技术可行的情况下，通过政府拥有和运营的保障单位或民政当局的保障单位，所有基地都应配备带录音功能的增强型 911 设备的服务。

七、应急通信

所有的第 I—III 级基地都应通过第 5 类人员和所有委任的基本职能任务第 1 类人员，在所有指定的功能区建立并保持可互操作的应急通信。应急通信应遵循现有的陆军政策。应急通信应纳入基地应急管理计划的所有方面，以及配套的附件、附录和标准操作流程。应急通信应具备与军事和民用合作伙伴进行互操作的能力。考虑到物理上实现互操作性的成本和过渡时间，高级指挥官应当寻求非物质解决方案以应对互操作性挑战，包括在基地应急行动中心和事故指挥所级别使用联络官，以及通过采用国家事故管理系统实现语言、程序和目标的标准化。在适用的情况下，所有新的或未来的通信系统都应符合公共安全通信协会的官方国际标准。管理基地的司令部应明确部署和维护通信系统的要求，并通过其指定的通信与信息技术部门来管理执行工作。

八、公共信息系统

应急公共信息能力，作为有效的应急管理的重要组成部分，与陆军应急管理大纲的其他要素紧密集成。应急公共信息通常是通过使用联合信息系统来实现的。联合信息系统的任务是提供一种结构和流程，具有以下两种项能：第一，开发和传递协调机构间消息；第二，制定、推荐和执行应急公共信息计划和策略；第三，针对有关可能影响响应和恢复工作的公共事务问题，为事故指挥官和基地应急行动中心提供建议；第四，管控谣言和错误信息，这些消息和信息可能破坏公众对应急响应工作的信心。建立联合信息中心作为联合信息系统机构的联络点。

第十章 后送管理和民众关怀业务

一、后送管理

1. 目标。后送管理的目标：一是通过将所有或部分处于危险中的人群转移到安全位置来减少已确定危害对受保护人群的影响；二是在紧急情况下协调受保护人群随着已确定的第1类和第5类人员一起转移。后送是解决受保护人群所面临危险的主要手段。

2. 要求。所有基地应急管理大纲应根据高级指挥官的正式、口头或书面命令，制定、行使和维护后送所有隶属人员的程序。后送管理程序应包括指导和管理以下疏散能力：第一，一个或多个基地区域内人员疏散到该基地内的安全港；第二，一个或多个基地区域内人员疏散到一个或多个民事管辖区提供的平民避难所；第三，一个或多个基地区域内人员疏散到预先指定的、地理上偏远的基地或地点的远程安全避难所；第四，将整个受保护人群同时疏散到一个偏远的安全避难所中（当危险环境要求后送整个人群时）。后送管理应包括在恢复阶段将后送人员从当地安全避难所、平民避难所或远程安全避难所分阶段或同时送回驻地住宅或企业的程序。在整个后送过程、民众关怀行动中，以及在后送人员返回基地内的住所或工作场所期间，后送管理应包括向后送人员进行连续广播通信的程序。

二、民众关怀业务

家庭、士气、福利和娱乐局长是民众关怀业务协调和执行的负责人。民众关怀工作的组成部分有：所有社区备灾、机构间协调、群体性警报通知教育、应急家庭援助中心的工作，以及在紧急情况下为流离失所人员提供持续照料和管理所必需的现场活动。从他们流离失所到返回原居住地或工作场所为止的全部时间内，民众关怀工作必须通过提供家庭援助、避难所（或使用民居）、食品和水、应急物资、应急药品和其他物品的方式，满足这些流离失所人员的需求。在通过后送将人群从一种或多种危险环境疏散出来的同时，还必须在响应和恢复阶段为此类人群提供民众关怀保障。民众关怀行动必须在混乱的环境中克服组织、后勤和社会方面的多重挑战，并且在备灾期间（尤其是在应急计划和社区备灾期间）需要做出巨大的努力，以便高级指挥官能成功执行行动。

三、应急家庭援助中心

在民众关怀行动中，高级指挥官应处理社区、家庭和个人援助问题。所有应急管理大纲均应与陆军社区服务处（及有关支援部门和办公室）进行协调，当基地应急行动中心或基地应急管理计划有要求时，就基地应急家庭援助中心的建立、启动和管理进行协调。应急家庭援助中心是在响应和恢复阶段为陆军社区成员提供信息和服务的综合机构。任务组织的应急家庭援助中心团队应通过资源分类系统进行分类。

四、就地庇护所

在民众关怀行动期间，高级指挥官应处理就地庇护所和住宅庇护所问题。当群体性警报通知中通告指示或在基地应急管理计划中确定的情况下，所有基地应急管理人员应与确定的基本职能任务人员、暂驻单位和2—4类人员协调，在各类地点（包括营房、宿舍、单身宿舍、家庭住所、客房、国防部运营酒店内外、休闲住宅）建立、启动和管理就地庇护所。就地庇护所的位置应与非特定机构人员所在的基地区域一致，并且应根据现地条件，按照指挥、业务和居住位置进行分布。

五、安全避难所

在民众关怀行动期间，高级指挥官应处理现地安全和远程避难所问题。按基地应急行动中心的要求或根据基地应急管理计划的规定，基地应急管理大纲应协调一个或多个本地安全避难所的建立、启动和管理。基地应急管理大纲应协调在不同地点建立一个或多个远程安全避难所。

六、既有庇护所

所有基地的应急管理大纲都应与现有的资源赞助商和设施所有者协调，以使用既有的龙卷风、核辐射和其他特定灾害的庇护所。一些既有庇护所可能足以用作当地的安全港。高级指挥官应向有关更高层级总部报告现有庇护所的设置、能力和状况。

七、民用避难所的协调

高级指挥官应在民众关怀行动中处理使用民用避难所的问题。在备灾阶段，所有基地的应急管理大纲都应当与驻地民事管辖区就以下问题进行协调：为居住在当地民事管辖区的陆军社区成员和居住在陆军基地内的军队社区成员提供民用避难所。

八、民众给养站

在基地应急行动中心要求下或按照基地应急管理计划中的规定启动后，所有基地应急管理大纲都应与后勤战备中心供应处和基地内的商业餐饮机构进行协调，以在基地内建立或启动一个或多个民众给养站。民众给养站应通过资源分类系统进行分类，由任务单位的民众给养团队负责，与基地区域一起进行位置编码，以便在应急行动中心的地理信息系统和基地管理系统中快速定位。民众给养站应尽可能与当地安全避难所的位置和基地区域保持一致。

九、大宗物资配送

在基地应急行动中心要求下或按照基地应急管理计划中的规定启动

后，所有基地应急管理大纲都应与后勤战备中心、美国邮政服务公司和本地商业零售系统进行协调，建立、启动和管理一个或多个配送点，向基地人员供应散货物资（包括食物、水、应急物资与药品）。配送点应通过资源分类系统进行分类，并与基地区域一起进行地理编码，以便在基地应急行动中心的地理信息系统和基地管理系统中进行快速定位，并由任务单位的大宗物资配送团队提供人员。配送点应全天 24 小时运行，出于安全考虑，只在白天进行配送，在夜间进行补货。

十、呼叫中心

所有应急管理大纲都应确定一条本地的或免费的热线，以向 1—5 类人员的朋友和家人发布有关后送人员境况、人员伤亡情况的信息。在基地应急行动中心要求下或按照基地应急管理计划中的规定启动后，基地应急管理工作组应与陆军社区服务处协调基地呼叫中心的建立、启动和管理。

第十一章　培训和教育

一、培训和教育策略

1. 要求。陆军应急管理大纲规定了有效处理多机构多辖区紧急情况的最低培训和教育标准。这些标准将侧重于以下三方面的要求：第一，第 1 类人员，维持、维护和恢复所分配的基本任务职能或总部职能；第二，第 2—4 类人员，获得风险意识，理解群体性警报通知、后送和民众关怀程序，提高社区的备灾水平，并建立一个有弹性的陆军社区；第三，第 5 类人员，能以其适当的培训、认证和经验水平开展安全有效的综合行动。基地应急主管应与下列单位与个人协调培训和教育要求：计划、培训、动员和安全局，应急事务局，医疗应急主管以及陆军部手册 DA Pam 525－27 中确定的各功能领域的指定基地负责人。司令部应急管理大纲协调员应针对司令部的所有危害和所有阶段建立司令部级的应急管理培训计划和政策。司令部应急管理大纲协调员应确保主要下属司令部和暂驻单位按要求参加东道基地的培训计划。

2. 认证。认证可以激励应急管理专业人员提升其职业能力，拓展应急管理专业知识，证明其具备必要的技能和知识。经认证的陆军应急主管是具备全面管理应急管理大纲的所需知识、技能和能力的个人。陆军部总部保卫处（G－34）应在本法规发布后的三年内，建立一个专业的应急主管认证计划。认证计划应明确培训规定、教育标准和至少三年的经验，并定期进行重新认证。陆军国家事故管理系统管理员应制定协议以鼓励参加陆军认证应急主管计划。

3. 认证对于陆军应急管理行业的专业化至关重要。通过在有意义的情况下（职位相关的应用）进行实际应用，对指定的第一响应人、第一接收人和应急响应人员进行经验和教育验证，从而确保整个程序的连续性。在指定的时间间隔内，根据国家和陆军特定的能力标准，评估与认证有关的专业背景、技能或权限，以保持时效性并证明其熟练程度。陆军应实施国防部应急管理认证计划。

4. 培训发展。培训发展应遵守陆军政策，并应利用联邦应急管理局应急管理研究所和美国国内备灾联盟成员以及州、部落、其他军种、地方和私营（或东道国）机构提供的现有培训计划。培训发展必须同时提供初始和定期（维持性）培训，以培养和保持所需的应急管理功能。

5. 跟踪和报告。为第1类和第5类人员提供的培训应分别由基本职能任务或功能领域的负责人进行跟踪。基地应急主管和司令部应急管理大纲协调员应跟踪由应急管理直接负责的功能领域的培训。（跟踪情况的）报告应包含在604服务区陆军应急管理基地状态报告中，并按照国防部指示DoDD 7730.65和陆军条例AR 220－1的要求，上报给陆军国防战备报告系统。在基地一级向受保护人群提供的“准备充分的陆军”社区备灾培训，应由培训提供方进行跟踪，由基地应急管理人员根据提供方的意见进行整合，并由基地应急管理人员维持不少于三年。

二、高级领导培训

1. 概述。指挥官应把高级领导培训作为教育和培训计划的一部分。高级领导培训应为高级领导者提供实施陆军应急管理大纲政策，以及推进下属应急管理大纲的监督所需的知识。司令部应急管理大纲协调员应建立高级领导者培训计划，例如高级官员事故指挥概述（G－402）、高级官员应急管理（IS908）或类似技能。

2. 要求高级指挥官应与管理基地的司令部协调，确保从中校（O－5）到少将（O－8）级别的有关军官以及国防部相当级别的文职人员，在其任务职责涉及基地管理或驻军行动时，能够参加应急管理研讨会。管理基地的司令部应确保在地区和总部一级支援应急管理任务的主要参谋人员、部门负责人和主任也可在担任该职位前的六个月内参加管理研讨会。

三、驻军指挥官训练

管理基地的指挥官应确保预计的驻军指挥官（或同等职位的文职指

挥官）在上任之前或在上任后三个月内完成所需的基地防护培训。

四、第 1 类人员培训

第 1 类人员的培训要求取决于任务的要求。保障基本职能任务或业务连续性计划的基地应制定培训要求，并将其作为每个连续性计划的组成部分。有关其他人员培训要求，请参见陆军部手册 DA Pam 525 – 27。

五、第 2—4 类人员培训

指挥官应处理社区防护问题，将其作为应急管理教育和培训计划的一部分。应急管理大纲应为陆军部手册 DA Pam 525 – 27 中涉及的整个受保护人群提供社区备灾培训，重点是 2—4 类人员，特别是弱势人群。指挥官应确保在每年至少一次宣传的基础上，根据当地需求情况，向全部所属人员（包括其家庭成员）提供社区备灾信息。

六、第 5 类人员培训

1. 第 5 类人员应接受所有人员类别中最全面的培训，以支持有效的应急预防、响应和恢复行动。第 5 类人员必须参加操作和规程中的演习，以使他们能够在多种危险环境中安全工作。

2. 基于标准的培训。基地应急管理大纲要求的所有第 5 类人员培训都应满足联邦机构制定的有关要求，并监督特定领域以及政府和非政府标准制定组织的有关共识标准。在陆军部手册 DA Pam 525 – 27 中确定了针对第 5 类人员的其他功能领域培训要求。

3. 国家事故管理系统第一阶段和第四阶段的培训要求（请参阅陆军部手册 DA Pam 525 – 27）。

4. 所有的应急管理大纲主管、司令部应急管理协调员、基地应急主管都应参加并成功完成陆军应急管理基础课程的学习。根据需要，应急管理协调员和其他具有指定应急管理职责的人员也应当参加学习。

5. 所有承担基地应急行动中心职责的人员，都应参加并成功完成陆军应急行动中心课程的学习。

注意：有关陆军应急管理基础课程和陆军应急行动中心课程的信息，请参见陆军手册 DA Pam 525－27。

表 1　陆军应急管理培训要求

基地岗位	培训要求	课程名称
高级指挥官	－IS908	－高级官员应急管理
司令部与总参谋部（国家事故管理系统）	－IS100 －IS200 －IS700 具体岗位： 安全： －IS35. 17 －IS813 法务助理： －IS100. FWa	－事故指挥系统概述，ICS－100 －单一来源和初始事故的事故指挥系统 －国家事故管理系统概述 －全险情安全员 －联邦应急事务管理局安全方针 2017 －应急支援功能 13 －公共安全和安保附件 －联邦工作人员事故指挥系统－100 简介
基地应急主管	－IS100 －IS200 －IS700 －IS800 －IS2900 －IS120. a －IS130 －IS230. c －IS546. a －IS650. a －IS702. a －IS703. a －IS706 －ICS300 －陆军基本应急管理课程 －陆军应急行动中心课程 －应急管理训练评估师课程 －陆军反应与恢复课程 推荐： －ICS400	－事故指挥系统介绍，ICS－100 －单一来源和初始事故的事故指挥系统 －国家事故管理系统简介 －国家救灾响应框架简介 －国家灾后恢复框架（NDRF）概述 －演习介绍 －演习评估和改善计划 －应急管理基础 －行动连续性课程 －与部落政府建立伙伴关系＊＊ －国家事故管理系统公共信息系统 －国家事故管理系统资源管理 －国家事故管理系统州际互助－简介 －蔓延性事故的中级事故指挥系统 －陆军基本应急管理 －陆军应急行动中心课程 －陆军应急管理演习评估师课程 －陆军响应与恢复课程 －司令部和参谋部的高级事故指挥系统

续表

基地岗位	培训要求	课程名称
司令部应急管理大纲协调员	- IS200 - IS700 - IS2900 - 陆军基本应急管理课程	- 单一来源和初始事故的事故指挥系统 - 国家事故管理系统简介 - 国家灾后恢复框架概述 - 陆军基本应急管理课程
应急管理协调员	- IS100 - IS200 - IS700 推荐： - IS2900	- 事故指挥系统概述，ICS - 100 - 单一来源和初始事故的事故指挥系统 - 国家事故管理系统简介 - 国家灾后恢复框架概述
公共卫生应急官员	- IS100. hcb - IS200 - IS700 - IS800 - IS808 - 有害垃圾处理与响应	- 事故指挥系统概述，ICS - 100 - 单一来源和初始事故的事故指挥系统 - 国家事故管理系统简介 - 国家救灾响应框架简介 - 应急支援功能 8：公共卫生与医疗 - 应急医疗准备和响应课程 - 职业安全与健康管理局 40 号联邦法规有害垃圾处理和应急响应
应急行动中心	- IS100 - IS200 - IS700 - IS800 - IS2900 - IS830 - 陆军应急行动中心课程 - 陆军响应与修复课程 推荐： - ICS300	- 事故指挥系统介绍，ICS - 100 - 单一来源和初始事故的事故指挥系统 - 国家事故管理系统，简介 - 国家救灾响应框架，简介 - 国家灾后恢复框架概述 - 国家救灾响应框架介绍 事故附件 - 陆军应急行动中心课程 - 陆军响应与恢复课程 民众关怀 后送管理 应急家庭援助中心 病死率管理 - 蔓延性事故的中级事故指挥系统 * * 作为应急行动中心团队成员的人员需要完成特定的联邦应急管理局应急支援功能独立学习课程

续表

基地岗位	培训要求	课程名称
公共事务	- IS100 - IS200 - IS700 - IS800 - IS2900 - IS29 - IS250. a - IS702. a	- 事故指挥系统介绍，ICS - 100 - 单一来源和初始事故的事故指挥系统 - 国家事故管理系统简介 - 国家救灾响应框架简介 - 国家灾后恢复框架概述 - 新闻官员意识 - 应急支援功能 15：对外事务：应急通信 - 国家事故管理系统公共信息系统
公共工程部	- IS100. pwb - IS200 - IS700 - IS800 - IS2900 - IS552 - IS554 - IS556 - IS558 - IS803	- 事故指挥系统介绍，ICS - 100 - 单一来源和初始事故的事故指挥系统 - 国家事故管理系统简介 - 国家救灾响应框架简介 - 国家灾后恢复框架概述 - 公共工程在应急管理中的作用 - 公共工程应急计划 - 公共工程损害评估 - 公共工程与灾难恢复 - 应急支援功能 3：公共工程与工程学
应急事务局消防和应急服务处	- IS100 - IS200 - IS700 - IS800 推荐： - ICS300	- 事故指挥系统介绍，ICS - 100 - 单一来源和初始事故的事故指挥系统 - 国家事故管理系统简介 - 国家救灾响应框架简介 - 职业特定要求
应急事务局执法部门	- IS100 - IS200 - IS700 - IS800 推荐： - ICS300	- 事故指挥系统介绍，ICS - 100 - 单一来源和初始事故的事故指挥系统 - 国家事故管理系统简介 - 国家救灾响应框架简介 - 职业特定要求 - 蔓延的事故的中级事故指挥系统

续表

基地岗位	培训要求	课程名称
核化生爆专家	- IS100 - IS200 - IS700 - IS800 - IS836 - 危险品技术 - 有害垃圾处理与响应	- 事故指挥系统介绍，ICS - 100 - 单一来源和初始事故的事故指挥系统 - 国家事故管理系统简介 - 国家救灾响应框架简介 - 核/放射性事故附件 - 与职业安全与健康管理局要求一致 - 与职业安全与健康管理局/国家消防协会/国家标准协会要求一致
调度员	- IS100 - IS200 - IS700 - IS144	- 事故指挥系统介绍，ICS - 100 - 单一来源和初始事故的事故指挥系统 - 国家事故管理系统简介 - 应急电讯员课程
事故指挥官	- IS100 - IS200 - IS700 - IS800 - IS29 - ICS300 - ICS400 - E388 - E/L 950	- 事故指挥系统介绍，ICS - 100 - 单一来源和初始事故的事故指挥系统 - 国家事故管理系统简介 - 国家救灾响应框架简介 - 公共信息军官意识 - 蔓延性事故的中级事故指挥系统 - 司令部和参谋部高级事故指挥系统 - 高级公共信息课程 - 全灾害事故指挥官

第十二章　装备部署与保障

一、装备购置、部署和集成

陆军的目的是将所有与陆军防护相关的职能整合到一个综合集成系统中，以最大程度地保护陆军社区免受所有包括恐怖威胁或事件在内的自然、技术、人为灾害。陆军应急管理大纲应基于通用标准和兼容优先级，整合这些具体存在的响应和恢复能力，同时消除资源需求的冲突，并将共同的核心能力整合到单一的组织框架下，重点是满足高级指挥官对全面、综合、全险情的应急管理系统的意图和需求。基地和适用的功能领域应通过管理基地的司令部，与其所属的计划发起人联系，以获取有关独立计划下具体装备的集成和保障信息。

二、应急管理装备概述

根据应急管理大纲下发的装备包括：应急装备、事故管理工具、用于警报和通知相关工作人员的装备。装备可以是商用现货，也可以是政府现有装备。如果装备无法满足防护要求，则可以使用合同后勤保障和陆军条例 AR 700 - 127 中指定的、基于绩效的后勤流程来提供服务。基地还可以签订保障协议，以便通过使用协议备忘录从当地辖区获得这种支持。

三、第 1—5 类人员装备

根据陆军应急管理大纲，仅对相关项目进行装备部署与保障。关键行动、基本行动和基本服务是基准任务要求。本单位产生的装备需求应向上级总部提出，以便纳入计划目标备忘录程序。有关 1—5 类人员装备的其他信息，请参见陆军部手册 DA Pam 525 – 27。

四、装备全寿命周期系统的管理

所有的应急管理大纲都应按照陆军条例 AR 70 – 1、AR 700 – 127 和陆军部手册 DA Pam 700 – 56 开展全寿命周期系统管理过程，以确保所有编配装备的维修和建账管理。

五、基地在寿命周期管理中的作用

基地必须具有接收应急管理装备的能力。根据陆军条例 AR 710 – 5，基地应对陆军应急管理大纲下的所有财产进行核算。基地装备管理员必须按照制造商手册，执行所有用户级操作和维护程序。基地必须跟踪其总体程序要求，因为陆军部防护局仅由美国陆军坦克汽车与军械司令部寿命周期管理司令部执行管理服务来维持设备所需资源。美国陆军坦克汽车与军械司令部寿命周期管理司令部，利用集中式资产管理系统来跟踪操作和维护以及寿命周期管理。

六、美国陆军坦克汽车与军械司令部在寿命周期管理中的作用

1. 陆军部防护局，应急管理部门应维保装备，直到这些装备进入编制（在配送和分发的表格中）并由基地来维护保障，或者进入终止程序——意味着装备的非军事化（移交给国防再利用与营销办公室）。

2. 为确保基地保持最低的总体拥有成本，美国陆军坦克汽车与军械司令部寿命周期管理司令部和基地（有合作关系）应根据制造商的维护保养手册进行适当的维护保养、测试测量和诊断设备校准过程。

3. 美国陆军坦克汽车与军械司令部寿命周期管理司令部的化学/生物防御产品保障集成局，通过“求助台”流程提供操作员级别以上的集中维护（第二级和更高级别）。有关更多信息，请参见陆军部手册

DA Pam 525－27。

七、计划目标备忘录/计划资金

陆军部防护局通过高能见度基地保护程序管理决策评估部门向该计划目标备忘录提交保障资源请求。预算请求应在10月提交给高能见度基地保护程序管理决策评估主管，以在1月提交陆军部防护局。计划目标备忘录涵盖了五年期的“未来数年防务计划”，并提出了陆军关于如何平衡可用资源分配的提案，这是经过审查的结果。

第十三章　演习与评估

一、演习和评估概念

1. 要求。所有基地应制定和实施应急管理演习和评估程序，以验证计划及想定和时间表，评估和验证应急管理能力的熟练程度，使人员熟悉角色和职责，改善机构间的协调和沟通，查明能力差距和资源需求，并找出改进的机会。应急管理演习和评估活动应遵守陆军相关政策。

2. 概念。演习应遵循一定的逻辑顺序，即研讨、操练、桌面推演、职能演练、综合演习。有效的训练计划是一个不断增加复杂性和有效性的持续寿命周期，通过纠正行动计划，汲取经验教训并将其纳入正在进行的风险管理和应急计划流程中。

3. 国土安全演习和评估计划。国土安全演习和评估计划是针对国防部各部门和军种的标准应急管理演习和评估程序。陆军基地应使用国土安全演习和评估计划提供的过程和工具。

4. 通用能力。高级指挥官必须认识到，平行发展单险种单辖区的计划、程序、能力和演习，不能解决多机构多辖区的紧急情况的响应和恢复问题，如飓风、恐怖主义、地震、停电事故、龙卷风、危险品事故和相关灾害。演习必须解决多机构多辖区的紧急情况以及与地方民事管辖权之间的相互依存关系。

二、演习周期

应急管理演习和评估程序融合了训练的持续改进过程，可在三年的周期内提升灵活性和集成度。

1. 每年根据陆军条例 AR 525 - 2，基地应将应急管理功能演练作为年度综合防护措施的一部分。

2. 每两年至少一次。基地应针对已确定危害和威胁的风险（包括具有关联影响的事故），进行全险情应急管理综合集成演练，将多机构多辖区以及所有防护功能要素整合在一起进行演习。

3. 应每年执行一次应急行动计划。

4. 独立场所应每年至少运行两次群体性警报通知系统。

三、演习目标

应急管理演习和评估计划的目标是验证培训、提高熟练程度，并验证基地的应急管理能力，用以预防、保护、减灾，包括在风险管理过程中确定的恐怖主义威胁或事故，并从这些危害中恢复。应急管理演习和评估程序提供了验证基地应急管理计划、确定资源需求或更新培训与装备需求所需的信息。演习能确保基地应急管理计划的所有常规核心部门均可运转，且所需资源可用、充足、经过培训且符合标准。

四、演习计划

管理基地的司令部应确保基地制订多年期演习计划，其中包括管理项目、召集规划小组、召开规划会议、确定演习设计目标、制定方案和文件、分配后勤任务和确定评估方法。所有指挥官应确保暂驻单位支持并参与演习计划和演习过程。演习方案应基于风险管理程序的结论，采用全险情进行方案设计。强烈建议与联邦、州、部落、其他军种、当地和私营机构（或东道国）响应和恢复合作伙伴进行协调。

五、演习评估

1. 基于绩效的评估。管理基地的司令部应制定一个包含评估团队的基地评估程序。该演习将评估和验证应急管理能力，明确任务和职责，促进机构间的协调与沟通，暴露能力差距，并确定改进时机。国土安全演习和评估计划将用于演习的设计、进行和评估。

2. 不同基地分级的评估要求。所有第 I 级和第 II 级基地实战演习都需要开展外部演习评估。如果资源可用，建议对第 III 级基地实战演习开展外部评估。第 IV 级和第 V 级基地的演习评估取决于司令部危险性评估的优先级。

3. 基地演习评估小组。每次实战演习都应成立基地演习评估小组。基地演习评估小组应有足够的人员和资源来评估应急管理演习并验证应急管理能力。基地演习评估小组应该是一个多学科团队，由来自以下部门的代表组成：计划、训练、动员和安全局，应急服务局，公共工程部，FMWR（家庭、士气、福利和娱乐局），公共工程部环境办公室，后勤局，基地安全办公室，基地内部审查审核合规办公室以及计划、分析和集成办公室。基地演习评估小组规定演习人员与参与者的角色与职责。设计、执行或评估应急管理功能与任务的演习与评估小组成员应完成陆军基地演习评估课程的学习。

4. 演习应达成以下目标：

（1）根据已确定的危害和威胁（包括具有关联影响的事故）带来的风险，对多机构、多学科和多辖区的紧急情况开展演习和评估。

（2）让有关领导和决策者加入基地的应急行动中心，并在可能和适当的情况下，为应急行动中心提供支持。酌情吸收来自联邦、地区、州、部落、地方和非政府组织、私营企业和东道国合作伙伴的领导人。

（3）评估应急管理计划和应急管理功能的以下部分：

A. 启动本地保障协议。

B. 执行内部（例如，基地内人员、暂驻单位）与外部（例如，高级总部、联邦、区域、州、部落、地方、志愿和非政府组织、私营企业或东道国合作伙伴）事故报告协议。

C. 警报协调，群体性警报通知与应急公共信息。群体性警报通知系统至少应每年开展两次演习，以验证个人联系信息的准确性和通知系统的有效性。

D. C3 能力。

E. 后送管理和民众关怀行动。

F. 庇护所和封锁。

G. 第一响应人员、第一接收人员和应急响应人员行动。

H. 医疗、兽医与公共卫生响应和恢复行动，包括灾难心理健康、大规模伤亡管理和应急家庭援助中心行动。

I. 行动连续性能力。

J. 启动暂驻单位应急行动计划，并与基地应急管理计划整合。

K. 参与独立场所应急行动计划，并在可行的情况下支持当地的应急响应部队。

L. 响应宗教保障。

第十四章　减灾活动

一、减灾概念

概述。减灾活动旨在减少或消除人员财产所面临的风险，减轻一种（或多种）危害的实际（或潜在）影响或后果。减灾措施可以在事故发生之前、期间或之后实施，并且通常从先前事故中吸取教训。减灾工作的目标是减少已确定的危害对关键/必要行动、关键资产、关键基础设施、必要服务、所属人员以及政府与个人财产的影响。多功能领域应将减灾任务作为其例行行动来执行。在陆军基地内，根据国防部指示 DoDI 6055. 17 要求进行的阶段性减灾活动，是全险情风险管理流程的重要组成部分。

二、减灾计划

基地应急管理工作组应根据基地应急主管的技术指导，在基地级别执行减灾计划，并与基地防护工作组和基地公共工程部以及网络企业中心代表进行协调。减灾计划应描述与在风险管理过程中所发现危害相关的物理、信息技术和非物质减灾策略。减灾计划还应在灾后恢复阶段考虑减灾机会，以重新设计或转移基地和基础设施。

三、公共工程

高级指挥官应确保将应急管理要求落实到公共工程项目中，包括新建工程（军事建筑）以及翻新或维修现有设施的过程中，满足统一设施标准 UFC 4 - 010 - 01、UFC 4 - 021 - 01，以及国土安全部、联邦应急管理局和陆军医疗司令部指南中明确的相关建筑标准。建设、翻新和维修工作应支持减灾策略，以减少因洪水、灾害天气、地震和其他已确定危害造成设施损坏的风险。

四、信息管理

基地应急主管应至少每半年与提供支援的网络企业中心代表开一次会，以确保所需的信息技术要求得到解决，包括支持群体性警报通知系统、连续性计划、基地调度中心、基地应急行动中心、民众关怀点以及其他执行基地应急管理预设点位所需的信息技术。

五、暂驻单位和商业企业

基地应急主管应至少每半年与暂驻单位和基地应急管理工作组的商业业务代表会面一次，以确保暂驻单位遵循对设施结构的减灾要求。

六、基础设施协调

1. 关键基础设施。关键基础设施风险管理人员应至少每半年与关键基础设施所有者开一次会，以确定这些负责机构正在采取的减灾措施，包括在允许的情况下审查减灾计划的实用性。关键基础设施风险管理人员应与基地应急管理人员合作。

2. 公用设施协调。基地应急主管应与外部公用设施的所有者会面，以确定正在采取的减灾措施，审查适用的减灾计划（如果允许），并解决所有已发现的不足。

3. 技术危害协调。基地应急主管应与特定技术危害的责任人会面，以确定正在采取的减灾措施，审查适用的减灾计划（如果允许），并解决所有已发现的不足。

第十五章　预防活动

一、预防概念

预防活动旨在避免或采取干预手段以阻止事故发生，预防涉及保护生命财产的行动。它涉及将信息应用于一系列活动中，这些活动可能包括针对以下活动的对策：威慑行动、加强检查、改进监视和安全行动、调查威胁的全部性质和来源、公共卫生与农业的监视与测试过程、免疫接种、隔离或检疫等。它还可能涉及旨在威慑、预防、制止或中断非法活动，逮捕犯罪嫌疑人并将其绳之以法的特定执法行动。在陆军内部，预防工作由基地宪兵司令、反恐小组、信息保障小组以及美国陆军医疗司令部（涉及针对部队健康防护问题时）的领导。

二、预防策略

基地防护工作组应制定并颁布基地预防策略，以减少人为因素和确定的危害后果。

三、预防计划

基地防护工作组应执行预防计划，并说明与风险管理过程中发现的危害相关的预防策略。预防计划还应在恢复阶段考虑预防机会，以重新设计或转移临时设施和基础设施。

第十六章　响应行动

一、响应策略

响应行动包括从接到任何事故发生的初始通知开始，直至过渡到恢复阶段的所有活动。这些危害事故包括自然、技术、人为灾害（包括恐怖主义威胁或事件）造成的潜在（延迟或逐渐发生的危害）或实际（突然发生的危害）事故，或有可能影响到辖区、受援任务、受保护的人员或提供支援的关键和常备基础设施的各种事故。

二、事故通知

事故通知过程是公共安全应答点、警报接收设施、调度中心、第一响应人员和其他组织之间的共同责任。应急公共信息应从事故验证开始，且应贯穿事故响应和恢复行动的全程。基地应急主管应确保应急管理计划中包含向受影响人群共享时间敏感应急公共信息的流程和程序。

三、事故报告

参谋长联席会议主席 3150. 03D 中的作战报告指南 -3，以及陆军条例 AR 190 -45 中包含的严重事故报告政策，为高级指挥官提供了详细的事故报告程序。

四、事故管理

高级指挥官应建立符合国家事故管理系统的应急管理大纲，以应对影响基地任务、人员、基础设施或环境的所有事故。

五、响应团队组织

任务架构型团队提供补充响应能力，以解决在以下行动中暴露出来不足：审查后的演习、经验总结、适用的评估结论。高级指挥官应支持按任务组织的团队的发展。基地应急主管应与第一响应人员、第一接收人员和应急响应人员进行协调，建立和使用按任务组织的资源，例如基地应急行动中心团队、民众关怀单位和后送管理团队。

第十七章　恢复行动

一、恢复策略

恢复工作应着眼于恢复因事故而中断的任务能力以及基本的公共和政府服务。联邦、州、部落、地方、其他军种和私营部门（以及东道国伙伴）将在这一阶段提供援助，因为各区域和基地并不具备从中度规模事故至大规模事故中成功恢复的固有能力。恢复应尽早开始，以回到正常状态。

二、恢复优先级

高级指挥官应根据基地所支援的任务确定恢复优先级，考虑行动任务的优先级，并重新建立关键行动、基本行动和服务。陆军应急管理大纲使用陆军部手册 DA Pam 525 – 27 中的标准恢复优先级列表，以协助高级指挥官执行此过程。

三、恢复组织

对于所有需要协调恢复行动的紧急情况，高级指挥官应在恢复的早期阶段建立一个恢复工作组。恢复工作组作为一种资源，具有不同的类型。高级指挥应根据事件的类型、规模和影响来确定其组成，包括其成员身份、工作组的频率与其期望的输出。

四、应急公共信息

各基地之间应在整个恢复行动中保持持续性的沟通，例如共享事故的影响与分析。各基地之间还应为利益相关者提供获得信息的机会，包括有关社区影响的信息、经验教训以及来自社区的其他相关信息，从而为合作伙伴、媒体和公众的灾后恢复提供支持。

五、公共安全注意事项

恢复阶段的公共安全是应急事务局执法人员的责任。应急事务局执法预防阶段的活动包括（但不限于）入口控制点访问控制、实施再入程序、实施宵禁和维持动物管制。

六、职业安全注意事项

1. 安全注意事项。所有紧急情况都具有一种或多种次生灾害，在恢复阶段尤为明显。参考陆军条例 AR 385－10 来指导恢复阶段的职业安全措施。

2. 冷热威胁。所有冷热威胁管理和监控，应根据陆军条例 AR 385－10、医疗技术通告 TB MED 507 和 TB MED 508 的有关部分进行。

3. 事故报告。所有事故报告和事故调查应参考陆军手册 DA Pam 385－40 进行。

4. 呼吸系统防护。事故指挥官应根据事故情况来决定所有恢复人员配备适当的呼吸防护装置，决策依据来自于基地安全办公室医疗机构（预防医学、工业卫生、职业医学）或公共工程部环境办公室的建议。陆军条例 AR 11－34 和陆军手册 DA Pam 525－27 提供了具体的呼吸防护指南。

5. 个人防护装备。事故指挥官应根据事故情况来决定所有恢复人员配备适当的个人防护设备。决策依据来自于基地安全办公室医疗机构或公共工程部环境办公室的建议。

七、公共卫生注意事项

高级指挥官最关心的应是受保护人群的公共卫生问题。具体指导意见，请参见国防部指示 DoDI 6200. 03 和 DoDI 6055. 17，医疗司令部作战计划 OPLAN 13 – 01 和医疗司令部作战命令 OPORD 16 – 26。

八、环境方面的考虑

环境方面的考虑包括残骸管理；设施、地面和装备的洗消；修复行动；撤离机动。有关恢复阶段的环境行动，请参阅陆军条例 AR 200 – 1。

九、心理因素的考虑

1. 心理健康和咨询。在基地应急行动中心要求下或按照基地应急管理计划中的规定启动后，所有基地应急管理计划都应与医疗支援机构或当地医疗保健提供方协调，就陆军社区的灾难心理健康能力和常规咨询服务的可用性进行协调。有关的具体医学指导，请参见国防部指示 DoDI 6200. 03、医疗司令部作战计划 OPLAN 13 – 01 和医疗司令部作战命令 OPORD 17 – 26。

2. 流程。启动后，咨询服务应通过应急家庭援助中心或本地提供商进行协调。设施需求应由提供机构或部门来确定。如果在事故发生前可获知，则在基地应急管理计划中解决；如果在响应或恢复阶段获知，由基地应急行动中心后勤部门来解决。

十、恢复功能

司令部应根据其基地的分级，协调提供以下恢复功能和能力：

1. 损伤评估小组。损伤评估小组是一种类型化资源。评估过程应在事故发生后尽快开始，以评估人员伤害和设施受损的程度，并在整个恢复阶段继续进行该评估。基地应使用美国陆军工程兵团标准化损伤评估程序和成本估算程序。所有基地应急管理大纲都应建立损伤评估小组。事故指挥官或应急行动中心应与基地的公共工程部协调，研究损伤评估小组的启用和管理问题。

2. 结构评估团队。结构评估团队是一种类型化资源。通常在事故发生后立即启用该团队，以便对高级指挥官和恢复工作组进行初步和后续的结构评估。

3. 残骸管理团队。残骸管理团队是一种类型化资源。通常在事件发生后立即启动该团队，以进行初始和后续的残骸管理，但可能因具体的危害情况而提前启动。

4. 死亡管理团队。所有基地的应急管理大纲都应与后勤战备中心、人力资源部和医疗支援机构协调有关死亡管理和殡葬事务的可用性和能力。后勤战备中心是死亡管理和殡葬事务的领导机构，而人力资源部是伤亡呼叫分配工作的领导机构。医疗支援机构负责在该医疗机构的照顾下死亡的人员、医院太平间的运作，以及死亡管理的公共卫生工作。

5. 殡葬事务。殡葬工作的主要功能是收容、鉴定和安葬人员遗体。武装部队医疗检查人员负责通过既有人员和伤亡档案识别遗体。有关更多信息，请参见国防部指令 DoDD 1300. 22 和陆军条例 AR 638 –2。

十一、房屋恢复

公共工程部住房办公室负责支持恢复工作组，协调和规划恢复阶段的所有住房问题，应在基地应急管理计划中确定恢复过程和提供支援的办公室。

十二、援助计划

1. 联邦援助计划。修订版《斯塔福德法案》规定的联邦方案以及其他有关方案通常不适用于驻扎地居民或派驻海外的人员。基地内居民的个人财产损失主要依靠私人房主和房客的保险政策解决。基地及其保障的军种负责通过现有的运营预算来弥补基础设施、场所和建筑物（包括家庭住房）的损失，并通过上级总部申请补充拨款。

2. 陆军援助计划。类似陆军应急救济组织的陆军社区服务计划，是向符合条件的陆军社区成员提供临时经济援助的主要渠道。

第十八章　能力评估与认证

一、概览

1. 本章重点阐述了司令部、基地、暂驻单位和独立场所根据既定的陆军应急管理大纲指标（程序管理、资源采购和分配、计划、培训和训练），衡量其自身能力水平。

2. 应急管理评估有助于确定应急管理准备情况，依据为基地类型划分、相对风险评估、人员分类和资源盘点的结果。

二、评估

1. 要求。陆军应急管理大纲通过陆军防护项目评估、全面运行能力报告、上级总部评估、命令检查计划和组织检查计划，对陆军各级、司令部、基地暂驻单位和独立场所进行评估。

2. 陆军部总部的应急管理评估。陆军部防护局应按照陆军条例 AR 525－2 的要求，每三年评估陆军司令部、陆军军种组成司令部、陆军直属单位和陆军国民警卫队的应急管理大纲是否达标。

3. 陆军司令部、陆军军种组成司令部、陆军直属单位以及陆军国民警卫队评估。陆军司令部、陆军军种组成司令部、陆军直属单位和陆军国民警卫队应根据陆军条例 AR 525－2，尽可能在最大范围内整合并开展应急管理评估，有条件时将独立场所纳入评估。

（1）管理基地的司令部应建立评估过程：将应急管理的计划与执行、评估评价和演习进行整合。通过使用实战演习、高级总部评估和联合任务保证评估等现行计划来跟踪能力验证。

（2）管理基地的司令部。所有暂驻单位的司令部（包括所有后备部门/机构）应参与基地应急管理计划过程；制订暂驻单位司令部应急行动计划；被基地应急管理计划覆盖；参加对应的基地应急管理大纲培训、认证、训练和评估。暂驻单位司令部还应参与其所属的高级总部评估。

4. 高级领导评估。陆军部总部保卫处（G－34）应评估高级指挥官和参谋，以确保其为驻军和暂驻单位防护计划和职能提供足够的重点指导和监督。高级指挥官受基地管理司令部的区域主管、驻军和暂驻单位支援。

三、应急管理认证

1. 陆军司令部、陆军军种组成司令部、陆军直属单位和陆军国民警卫队应鼓励高级指挥官为其应急管理大纲寻求认证。

2. 鼓励陆军基地通过国家应急管理协会提供的应急管理认证计划，寻求应急管理大纲认证。

3. 应急管理认证计划建立的应急管理标准共有 64 项，通过这些标准可以对申请的项目进行认证。应急管理标准是一种持续改进的工具，是自愿认证过程的一部分。应急管理认证计划对应急管理标准的评估周期为三年。基地应急管理应与其司令部合作，支持应急管理认证计划的技术委员会的工作，该委员会应针对应急管理认证计划标准修订问题，向应急管理认证计划委员会提出有关建议。

附录　内部控制评估

一、职能

此评估涵盖的职能是陆军应急管理大纲。

二、目的

评估的目的是协助以下单位和人员进行评估：美国陆军参谋部、各陆军司令部、陆军军种组成司令部和陆军直属单位的指挥官，陆军预备役部队司令，国民警卫局局长，各部门和机构的高级领导，基地高级指挥官，以及部门主管和内部控制管理员。评估内容为执行本法规和实施陆军应急管理大纲时确定的文中明确关键内部控制措施。此评估未涉及所有的控制措施。

三、使用说明

回答必须基于关键内部控制的实际情况（例如，文件分析、直接观察、抽样、模拟及其他）。必须说明缺陷的答案，并在上报文档中提出改进措施。必须至少每五年对这些控制措施进行一次正式评估。必须在陆军部表格 11 -2（内部控制评估证书）上完成进行此评估的证明。

四、测试题

1. 计划管理。无论是管理基地的司令部还是负责作战的指挥部，应负责确保自身及其下属单位或基地内的机构，有针对全险情方法进行的风险和弱点评估，并整合响应和恢复计划。

（1）陆军司令部、陆军军种组成司令部、陆军直属单位、陆军国民警卫队和基地是否确定了对全险情应急管理负主要责任的办公室？陆军司令部、陆军军种组成司令部、陆军直属单位、陆军国民警卫队和基地是否以书面形式指定、培训并向总部分配了司令部应急管理大纲协调员？

（2）陆军司令部、陆军军种组成司令部、陆军直属单位、陆军国民警卫队是否向下属提供了制定全险情应急管理大纲的政策和计划指导？

（3）提供的指导是否确保高级指挥官指导下属组织（包括牧师）参与应急管理计划、训练、演习、上级和下级应急管理指导小组以及地方单位/组织的规划过程？陆军司令部、陆军军种组成司令部、陆军直属单位、陆军国民警卫队是否确保陆军基地的暂驻单位遵守并促进应急管理要求的制定，参与基地应急管理规划过程，并向基地提供应急管理计划中要求的人员支持？

（4）陆军司令部、陆军军种组成司令部、陆军直属单位、陆军国民警卫队和基地是否发布了意见，以确保其基地下属的暂驻单位以书面形式指定应急管理协调员，以制订暂驻单位应急行动计划并根据陆军部手册 DA Pam 525 –27 执行职责？

（5）各级指挥官（包括指定的高级指挥官）是否确保下属的暂驻单位遵守并协助应急管理要求的制定，参与基地应急管理规划过程，参加上级和基地的应急管理工作组，并按照基地应急管理计划提供人员支持？

（6）陆军司令部、陆军军种组成司令部、陆军直属单位、陆军国民警卫队是否制订了遵守全面运行能力指南的计划，且该司令部是否向陆军部总部提交了季度全面运行能力报告？

（7）陆军司令部、陆军军种组成司令部、陆军直属单位、陆军国民警卫队和基地是否建立了应急管理工作组，每季度在总部级别召开一次会议，所有相关人员和下属组织都参与其中？陆军司令部、陆军军种组成司令部、陆军直属单位、陆军国民警卫队和基地是否确保下属参加上级总部，而暂驻单位组织参加基地的应急管理小组？

（8）陆军基地管理司令部、陆军装备司令部、陆军医疗司令部、陆军预备役司令部、陆军国民警卫队、陆军中央司令部、陆军工程兵团、陆军训练和条令司令部和基地是否已确保为每个基地分配了应急主管？是否进行了任务分析以确定对全职应急管理人员的需求？

（9）陆军基地管理司令部、陆军装备司令部、陆军医疗司令部、陆军预备役司令部、陆军国民警卫队、陆军中央司令部、陆军工程兵团、陆军训练和条令司令部和基地是否与利益相关者进行了协调，以确保合同包括为所有基地的运营提供准备，以遵守并保持应急管理大纲？

（10）陆军基地管理司令部、陆军装备司令部、陆军医疗司令部、陆军预备役司令部、陆军国民警卫队、陆军中央司令部、陆军工程兵团、陆军训练和条令司令部和基地是否已发布政策，以确保根据有关地区医疗指挥官的提名以书面形式任命公共卫生应急官员？

2. 规划。尽管最主要的重点仍然是人员的防护和安全，但美军司令部应急管理的指导和计划必须为任务提供保证并支持关键的基础设施。

（1）陆军司令部、陆军军种组成司令部、陆军直属单位和陆军国民警卫队是否具有监督计划，以确保将基地内的暂驻单位作为下属时，所有下级司令部都纳入到基地应急管理计划中？

（2）陆军基地管理司令部、陆军装备司令部、陆军预备役司令部和陆军国民警卫队是否有监督计划，以确保每个基地都有单个集成的应急管理计划，解决基地及其服务的所有暂驻单位的所有需求和要求？

（3）陆军基地管理司令部、陆军装备司令部、陆军医疗司令部、陆军预备役司令部和陆军国民警卫队是否解决了所有有关应急管理计划制订的高级总部指南，包括灾害人员的责任和公共卫生？

（4）是否已建立陆军基地管理司令部、陆军装备司令部、陆军预备役司令部和陆军国民警卫队的程序来确保对基地进行分类？

（5）是否已建立陆军基地管理司令部、陆军装备司令部、陆军医疗司令部、陆军预备役司令部、陆军国民警卫队和基地程序，以确保针对人口统计信息、基础设施、需求和资源实施了社区统计过程？

（6）陆军基地管理司令部、陆军装备司令部、陆军医疗司令部、陆军预备役司令部、陆军国民警卫队和基地是否已针对设施、场所、人员、程序和通信（包括用于事故管理活动的应急行动中心/综合行动中心）实施了事故指挥系统？

（7）基地是否使用包括以下方面的评估的风险管理流程：严重性、危害、威胁人类健康的威胁、弱点、后果、能力和需求？应急管理计划和有关附件中是否使用了上述结果？

（8）陆军基地管理司令部、陆军装备司令部、陆军医疗司令部、陆军预备役司令部、陆军国民警卫队和基地是否建立、维护和行使了基地与地方民事管辖区、私人组织和非政府组织之间的保障协议（SA）？是否每年审核、更新和执行保障协议？

（9）陆军基地管理司令部、陆军装备司令部、陆军医疗司令部、陆军预备役司令部、陆军国民警卫队和基地是否提供了有关民众关怀活动的计划指南，包括对大规模伤亡事件的医疗和牧师支持，以及应急家庭援助中心的管理、避难所、呼叫中心和民用避难所的协调？

（10）基地是否与陆军工程兵团协调以支持损坏评估、残骸清理、结构评估和灾后工程服务？

3. 训练和演习。司令部负责确保计划并为参与所有危险的应急管理和响应的人员提供必要的培训。鼓励其将应急管理要素与其他强制性演习（例如，反恐、大规模杀伤性武器）合并或集成，以消除冗余，评估计划和响应互操作性。

（1）陆军司令部、陆军军种组成司令部、陆军直属单位、陆军国民警卫队和基地是否建立了针对所有危险和应急管理各个阶段的涵盖整个司令部培训计划，以跟踪培训趋势、完成情况，且符合上级总部政策/指南（包括国家事故管理系统 I/IV 阶段的要求）？

（2）陆军基地管理司令部、陆军装备司令部、陆军医疗司令部、陆军预备役司令部、陆军国民警卫队和基地是否具有管理审查程序，包括对完成情况的跟踪，以确保人员和下属司令部进行了适当的培训，并与保障或被保障的高级指挥官人员进行了整合，包括牧师、应急行动中心军官以及应急响应人员？

（3）陆军司令部、陆军军种组成司令部和陆军直属单位指导是否充分确保下属司令部作为设施里的暂驻单位参与基地应急管理训练（如果任务允许），以确保其应急管理计划得到执行/评估？

（4）陆军基地管理司令部、陆军装备司令部、陆军医疗司令部、陆军预备役司令部、陆军国民警卫队是否有监督计划，以确保每年每个基地规划、提供资源、执行和评估基地应急管理工作？是否充分遵守国土安全训练和评估计划指南？

（5）陆军司令部、陆军军种组成司令部、陆军直属单位和陆军国民警卫队是否发布了指导以确保下属组织建立了包括“准备充分的陆军”在内的社区意识计划，以确保向士兵、家属和平民提供有关个人和家庭紧急情况准备的指导？并与公共工程官协调，以指定和培训发言人进行风险和危机沟通？

（6）陆军司令部、陆军军种组成司令部、陆军直属单位和陆军国民警卫队是否在区域和总部级别为支持应急管理任务的参谋人员建立了高级领导者进修计划？

4. 资源应用程序。司令部负责计划、方案拟制、验证和提交所有危险的应急管理请求。这些包括但不限于装备、训练、演习和评估反应能力。

（1）陆军司令部、陆军军种组成司令部、陆军直属单位和陆军国民警卫队是否有适当的数据呼叫或流程来识别应急管理保障要求，包括培训和演习保障？

（2）陆军基地管理司令部、陆军装备司令部、陆军医疗司令部、陆军预备役司令部、陆军国民警卫队和基地是否有数据呼叫或流程来识别应急管理支持要求，包括针对核化生爆的药物保障对策？

（3）陆军基地管理司令部、陆军装备司令部、陆军医疗司令部、陆军预备役司令部、陆军国民警卫队是否已建立数据呼叫或过程以识别应急管理支持要求，包括应急管理设备短缺？

（4）陆军基地管理司令部、陆军装备司令部、陆军医疗司令部、陆军预备役司令部、陆军国民警卫队和基地是否有适当的数据呼叫或过程来识别应急管理支持需求，是否包括群体性警报通知需求？

（5）陆军基地管理司令部、陆军装备司令部、陆军医疗司令部、陆军预备役司令部、陆军国民警卫队和基地是否有数据呼叫或流程来识别应急管理支持要求，包括满足将民用数据交换标准集成到陆军信息技术系统中的要求的通用作战态势图，以便促进应急行动期间陆军和平民管辖区之间的信息共享？

（6）陆军司令部、陆军军种组成司令部、陆军直属单位和陆军国民警卫队是否有适当的数据呼叫或流程来识别应急管理支持要求，包括应急管理人员短缺要求？

（7）陆军基地管理司令部、陆军装备司令部、陆军医疗司令部、陆军预备役司令部、陆军国民警卫队和基地是否有数据呼叫或流程来识别应急管理支持需求，包括能力评估的结果？

（8）陆军基地管理司令部、陆军装备司令部、陆军医疗司令部、陆军预备役司令部、陆军国民警卫队和基地是否存在数据呼叫或过程，以识别应急管理支持要求，包括专用的核化生爆设备（个人防护装备/侦察/洗消等）？

（9）陆军基地管理司令部、陆军装备司令部、陆军医疗司令部、陆军预备役司令部、陆军国民警卫队是否就有关全寿命周期系统管理和美国陆军坦克汽车与军械司令部寿命周期管理司令部支援的有关责任、维护和其他保障要求，为下属单位提供指导和评估？

（10）陆军基地管理司令部、陆军装备司令部、陆军医疗司令部、陆军预备役司令部、陆军国民警卫队和基地是否实施了涵盖应急管理的准备、减灾、预防、响应和恢复的计划及政策指南？

（11）陆军基地管理司令部、陆军装备司令部、陆军医疗司令部、陆军预备役司令部、陆军国民警卫队和基地是否具有与联络点（包括暂驻单位、上级总部、联邦、州、部落、其他军种）进行交互的必要系统和特定通知程序以及指南，以根据相关要求警告/通知受保护的人群？

5. 程序审查：

（1）陆军司令部、陆军军种组成司令部、陆军直属单位、陆军国民警卫队和基地是否定期到下级司令部进行评估或协助？

（2）陆军司令部、陆军军种组成司令部、陆军直属单位、陆军国民警卫队和基地是否会跟进在事故、评估和演习中确定的纠正措施？

（3）陆军基地管理司令部、陆军装备司令部、陆军医疗司令部、陆军预备役司令部、陆军国民警卫队和基地是否报告了包括基地状态报告和陆军国防战备报告系统性能指标的604服务区陆军应急管理基地状态报告，以准确反映实际状态？

6. 恢复行动：

（1）陆军工程兵团是否已向陆军基地提供了指导，以支持对陆军基地进行损害评估并确定对基础设施和系统的影响？

（2）陆军工程兵团是否已向陆军基地提供了指导，以支持对陆军基地进行残骸清理和管理，进行必要的恢复响应和初期恢复行动？

（3）陆军工程兵团是否已向陆军基地提供了指导，以支持对陆军基地进行结构评估，确保高级指挥官具有进行损害评估、居住和工作环境决策的能力？

（4）陆军工程兵团是否已向陆军基地提供了指导，以便在费用可报销的基础上提供现场工程服务？

7. 应急医疗行动：

（1）陆军医疗司令部是否提供指导，以确保战区卫生司令部、主要下属司令部和医疗机构支持并参与基地应急管理演习和活动？

（2）陆军医疗司令部是否提供指导，以开发风险交流和公共卫生信息产品以支持应急管理大纲要求？

（3）陆军医疗司令部是否提供指导，以确保医疗支持要求与应急管理大纲要求同步并整合？

（4）陆军医疗司令部是否已开发并提供资源来满足应急管理要求的必要培训，包括任何专门的医学培训？

（5）陆军医疗司令部是否提供指导，以确保战区卫生司令部提名并提交合格的候选人供高级指挥官任命为公共卫生应急官员？

（6）陆军医疗司令部是否提供指导，以确保战区卫生司令部向医疗机构提供有关参与应急管理规划过程和纳入应急管理计划的最佳实践的指导？

（7）陆军医疗司令部是否已向陆军基地提供了指导，以便在费用可偿还的基础上提供现场工程服务？

五、意见

向副参谋长 G－3/5/7（陆军部防护局）（华盛顿特区 20310－0400，陆军五角大楼 400 号）提交意见，使本清单成为评估内部控制的有效工具。

缩略语与术语

一、缩略语

缩略语	英文全称	中文全称
ACEM	Army Certified Emergency Manager	陆军认证应急主管
ACOM	Army command	陆军司令部
ACS	Army Community Service	陆军社区服务处
ACSIM	Assistant Chief of Staff for Installation Management	负责基地管理的助理参谋长
AF	Air Force	空军
AMC	U. S. Army Materiel Command	美国陆军装备司令部
AMEDD	Army Medical Department	陆军医务司令部
APP	Army protection program	陆军防护项目
APPA	Army protection program assessment	陆军防护项目评估
ARCENT	Army Central Command	陆军中央司令部
ARCYBER	Army Cyber Command	陆军网络司令部
ARIMS	Army Records Information Management System	陆军档案信息管理系统
ARNG	Army National Guard	陆军国民警卫队
ASCC	Army service component command	陆军军种组成司令部
AT	Antiterrorism	反恐
ATP	Army Technical Publication	陆军技术出版物
BH	behavioral health	心理健康
C3	Command, control, and communications	指挥、控制和通信
CBRN	Chemical, biological, radiological, and nuclear	化生放核（核、生、化、放射性）

续表

缩略语	英文全称	中文全称
CBRNE	Chemical, biological, radiological, nuclear, and high - yield explosive	核化生爆（核、生、化、放射性与大威力爆炸武器）
CFR	Code of Federal regulations	联邦法规汇编
CG	commanding general	司令
CIO	Chief Information Officer	首席信息官
COCO	Contractor - owned, contractor operated	民有民营（承包商拥有并管理）
COOP	continuity of operations	行动连续性
COP	common operating picture	通用作战态势图
CP	Career program	职业规划
CPA	Chief of Public Affairs	公共事务主管
CS	civil support	民事支援
DA	Department of the Army	陆军部
DA Pam	Department of the Army pamphlet	陆军部手册
DAMO - AP	Headquarters, Department of the Army, Protection Directorate	陆军部防护局
DCS	Deputy Chief of Staff	副参谋长
DES	Directorate of Emergency Services	应急事务局
DFMWR	Director of Family, Morale, Welfare, and Recreation	家庭、士气、福利和娱乐局长
DoD	Department of Defense	国防部
DoDD	Department of Defense directive	国防部指令
DoDI	Department of Defense instruction	国防部指示
DOTMLPF - P	doctrine, organization, training, materiel, leadership and education, personnel, and facilities, and policy	条令、组织、训练、装备、领导、教育、人员、设施和政策
DPTMS	Directorate of Plans, Training, Mobilization, and Security	计划、训练、动员和安全局
DPW	Department of Public Works	公共工程部
DRRS - A	Defense Readiness Reporting System - Army	陆军国防战备报告系统
DRU	direct reporting unit	陆军直属单位
E911	enhanced 911	增强型 911

续表

缩略语	英文全称	中文全称
EAP	emergency action plan	应急行动计划
ECP	entry control point	入口控制点
EFAC	emergency family assistance center	应急家庭援助中心
EHP	emergency health powers	应急卫生权力
EM	emergency management	应急管理
EMI	Emergency Management Institute	应急管理研究所
EMS	emergency medical services	应急医疗服务
EMSG	emergency management steering group	应急管理指导小组
EMWG	emergency management working group	应急管理工作组
EOC	emergency operations center	应急行动中心
EOD	explosive ordnance disposal	爆炸物处理
EPI	emergency public information	应急公共信息
ESF	emergency support function	应急保障职能
EXORD	execute order	执行命令
F&ES	fire and emergency services	消防和应急服务
FBO	faith – based organization	信仰型组织
FE	functional exercise	职能演练
FEMA	Federal Emergency Management Agency	联邦应急管理局
FOC	full operational capability	全面运行能力
FSE	full – scale exercise	实战演习
GCC	geographic combatant commander	战区作战司令部司令
GIS	geographic information system	地理信息系统
GOCO	government – owned, contractor – operated	国有民营（政府拥有、委托承包商管理）
HAZMAT	hazardous material	有害物质
HHA	higher headquarters assessment	上级总部评估
HN	host nation	东道国
HQ	headquarters	总部
HQDA	Headquarters, Department of the Army	陆军部总部
HSEEP	Homeland Security Exercise and Evaluation Program	国土安全演习和评估计划

续表

缩略语	英文全称	中文全称
HSPD	Homeland Security Presidential Directive	国土安全总统指令
ICP	incident command post	事故指挥所
ICS	incident command system	事故指挥系统
IEET	installation exercise evaluation team	基地演习评估小组
IMCOM	Installation Management Command	基地管理司令部
IMS	incident management system	事故管理系统
ISO	in support of	保障
ISR	installation status report	基地状态报告
IT	information technology	信息技术
JIS	Joint information system	联合信息系统
LCMC	life cycle management command	寿命周期管理司令部
LE	law enforcement	执法
LRC	logistics readiness center	后勤战备中心
MACS	multi – agency coordination system	多部门协调系统
MDEP	management decision evaluation package	管理决策评估包
MEDCOM	U. S. Army Medical Command	美国陆军医疗司令部
MEF	mission essential function	基本职能任务
MILCON	military construction	军事建筑
MSC	major subordinate command	主要下属司令部
MTF	medical treatment facility	医疗机构
MWN	mass warning and notification	群体性警报通知
MWNS	mass warning and notification system	群体性警报通知系统
NFPA	National Fire Protection Association	美国消防协会
NGO	non – governmental organization	非政府组织
NIMS	National Incident Management System	国家事故管理系统
NPS	National Preparedness System	国家备灾系统
O&M	operations and maintenance	使用与维修
OCONUS	outside the continental United States	美国本土以外
OPLAN	operations plan	行动计划
OSHA	Occupational Safety and Health Administration	职业安全与健康管理局
AO	public affairs officer	公共事务官员

续表

缩略语	英文全称	中文全称
PHEO	Public Health Emergency Officer	公共卫生应急官员
PMG	Provost Marshal General	宪兵司令
POD	point of distribution	分发点
POM	Program Objective Memorandum	计划目标备忘录
PPE	personal protective equipment	个人防护装备
PSAP	public safety answering point	公共安全应答点
PWG	protection working group	防护工作组
RHC	regional health command	区域健康司令部
RWG	recovery working group	恢复工作组
SAF	standalone facility	独立场所
SIP	Shelter - in - place	就地庇护所
SNS	Strategic National Stockpile	国家战略储存
SOP	standing operating procedure	标准操作流程
SWO	Staff Weather Officer	气象参谋
TACOM	U. S. Army Tank - automotive and Armaments Command	美国陆军坦克汽车与军械司令部
TEM	traumatic event management	灾难性事件管理
TLCSM	total life cycle systems management	全寿命周期系统管理
TRADOC	U. S. Army Training and Doctrine Command	美国陆军训练与条令司令部
TSG	The Surgeon General	军医总监
UFC	unified facilities criteria	统一设施标准
USACE	U. S. Army Corps of Engineers	美国陆军工程兵团
USARC	United States Army Reserve Command	美国陆军预备役司令部
USC	United States Code	美国法典
VIPP	High Visibility Installation Protection Program	高能见度基地保护程序

二、术语

认证

一种质量保证方法，通过自我评估、文件编制和同行评审的过程来确定应急管理大纲是否符合国防部和国防部各军种部及所属部门认可的共识标准。

全险情

任何自然或人为的事件（包括国防部指示 DoDI 6055.07 中定义的事件），需要采取行动来保护处于危险之中的军事人员、家属和平民的生命、财产、健康和安全，并尽量减少对基地运行的干扰。（国防部指示 DoDI 6055.17）

业务连续性

采取必要步骤来确定潜在损失的影响的持续性过程，以保持可行的恢复战略、恢复计划和连续性的服务。（美国消防协会 NFPA 1600）

通用作战态势图

在事件的全寿命周期中，通过标准数据（指标准数据元素、定义等）在集成和兼容系统（指可以相互对话的系统）之间共享，对事件进行持续更新的概述，以用于通信、信息管理以及跨基地部门和响应人员的情报信息共享。通用作战态势图有助于进行协作计划，并协助所有梯队实现态势感知。通用作战态势图为各辖区、各政府辖区、私营部门和非政府实体之间的各级事故管理提供一致性。通用作战态势图应包括最基本的地理空间特征（包括图像），以提供描绘典型基地的已建和自然基础设施的基础地图，并在紧急事件中具有共同的利益或重要性。应从国防部指示 DoDI 8130.01 中规定的每个基地的权威数据源获取基地地理空间数据。

证书

验证和检验指定的第一响应人员、第一接收人员和应急响应人员的培训、认证和身份。证书对于应急管理社区至关重要，因为它根据国家和国防部特定的能力标准验证个人或应急和恢复资源成员的身份和属性（例如，隶属关系、技能或特权），从而保障对这些关键资产的有效管理。

损害评估

评估或确定事故对人、物、操作和经济特征及环境的影响。（美国消防协会 NFPA 1600）

紧急事件

任何需要采取应对行动以保护生命或财产的事件，无论是自然事件还是人为事件。根据《罗伯特·T. 斯塔福德灾难救助和应急援助法》，紧急事件是根据总统的裁定，需要联邦援助以补充州和地方的努力和能力的任何场合或事件，以拯救生命、保护财产、确保公共健康和安全，或减少或避免在美国任何地方发生灾难的威胁。

应急行动计划

应急行动计划定义驻扎在国防部基地或独立场所中的特定司令部或部队如何在所有危险事件中制定和采用所需行动。应急行动计划的重点是在紧急情况下使组织行动与支持组织的行动同步，以便支持并执行对指定人员保护措施的建议以及支持响应和恢复行动。

应急援助

个人、家庭及其社区所需的援助，以确保在地方一级提供的传统“民众关怀”服务范围之外的应急需求得到解决。这些服务包括：后送支持（包括登记和跟踪后送人员），家庭团聚，向有特殊需求人群提供援助和服务，为家庭宠物和服务性动物提供后送、庇护和其他应急服务，支持特殊庇护所，支持医疗庇护所，非常规庇护所管理，协调捐赠物品和服务，协调志愿机构的援助。（国家救灾响应框架）

应急管理

对威胁生命、财产、行动或环境的事件进行预防、保护、减灾、响应与恢复，并维持连续性。应急管理重点关注影响基地人员和设施的紧急情况，以及维持基地作为部队投射平台的能力。国防部人员在应急管理期间实施、执行和指挥的相关活动。

应急行动中心

协调信息和资源以支持事故管理（现场操作）活动的实际位置。应急行动中心可以是一个临时设施，也可以位于更集中或永久性的设施中，可能位于辖区内的更高级别组织机构内。应急行动中心可按主要职能部门（如，消防、执法、医疗服务）、辖区（如，联邦、州、地区、部落、基地、市、县）或融合两者进行组织。（国家事故管理系统）

应急公共信息

主要在紧急事件发生之前或期间传播的信息。除了向公众提供态势信息外，还经常提供需要公众采纳的指导性措施。（国家事故管理系统）

应急人员

在一种或多种已确定危害造成的紧急情况下，被委任于执行应急响应任务并在紧急情况下需进入基地内的人员（美国公民或非美国公民），包括：基地内全体应急管理工作人员；基地内的 C3 人员（包括基地应急行动中心工作人员、事故管理小组成员、危机行动小组成员、调度中心工作人员和相关/同级部门行动中心工作人员）；预先确定的基地 C3 地点联络官员；后送管理小组成员；气象和海洋学专家、职业安全和健康专家、工业卫生专家和环境办公室/指挥部的技术专家；公共卫生应急官员；委任的联络官；其他辅助应急人员（包括死亡管理人员、殡葬事务人员、委任的公共工程人员与供应/后勤人员）。

增强型 911

增强型 911 使调度中心操作员能够自动接收和利用呼叫者的电话号码和地址，以减少调度中心数据收集和向第一响应人员传输信息的总体应急响应时间。增强型 911 基于北美电信系统，可自动将物理地址与主叫方的电话号码相关联，并将呼叫路由到该地址最合适的公共安全应答点。呼叫者的地址和信息在呼叫到达后会立即显示给接线员。这为应急响应人员提供了紧急情况所处位置，而无需呼救者提供。这通常在火灾、入室盗窃、绑架和其他难以或无法提供自我定位的事件中发挥很大作用。

后送管理

有组织、分阶段、有监督地从危险或潜在危险地区撤出、后送或转移平民，并在安全地区接收和照顾他们。

第一接收人员

在一种或多种已确定危害导致的紧急情况下，被委任在医疗机构执行第一接收任务的人员（美国公民或非美国公民），以及在紧急情况下需要进入指定的医疗机构或诊所的人员，包括：在医疗机构或诊所提供医疗或相关服务的医疗保健人员或急救人员。

第一响应人员

在一种或多种已确定危害导致的紧急情况下，被委任执行第一响应任务的人员，他们需要直接进入紧急事件现场或相关区域，在紧急情况下需要被授予进入基地的权限。基地第一响应人员包括：消防和应急服务人员；消防队；有害物质响应小组；应急医疗服务人员；陆军执法人员；爆炸物处理人员；预先确定到事故指挥所、机动指挥所或相关区域（集结区、大本营、直升机着陆区、空中支援点）的联络官员；公共工程响应或恢复人员/小组；合成油液与有害物质泄漏应急小组；委任的响应、监测和恢复人员与/或小组。

实战演习

实战演习通常是最具复杂性且资源密集型的演练。其涉及多机构、多组织和多辖区，以检验备灾工作的各个方面。实战演习通常包括许多在各种合作系统（事故指挥系统等）下工作的参与者。在实战演习中，事件是通过训练场景来展现的，事件更新通常会推动管理级别的活动。实战演习通常在实时、紧张的环境中进行，旨在反映真实事件。可以调动人员和资源并将其部署到现场，在现场采取的行动就像真实事件发生时一样。实战演习通过提出复杂而现实的问题来模拟现实问题，这些问题需要经过训练的人员进行批判性思考、快速解决问题并做出有效反应。

职能领域附件

为每个指定的职能领域提供与开发和执行目标应急管理能力有关的详细指导。

职能演练

职能演练旨在验证和评估能力、多重职能或子职能，或相互依存的职能组。职能演练通常侧重于演练计划、政策、程序和工作人员，这些人员涉及管理、指导、指挥和控制职能。在职能演练中，事件是通过训练场景来展现的，事件更新通常会推动管理级别的活动。职能演练在真实、实时的环境中进行，但是人员和设备的移动通常是模拟的。

特定危害附录

包括针对风险评估过程中确定的危害的预防、响应和恢复的详细指导。

国土安全训练和评估计划

国土安全部基于能力和性能的训练计划，为训练设计、开发、实施、评估和规划改进提供标准化的方法和术语。

事故

需要采取应对措施以保护生命财产的自然或人为突发情况或事件。

例如，事故可以包括重大灾害、紧急情况、恐怖袭击、恐怖威胁、内乱、野外和城市火灾、洪水、危险品漏、核事故、飞机事故、地震、飓风、龙卷风、热带风暴、海啸、与战争有关的灾害、医疗和公共卫生紧急情况，以及其他需要紧急响应的事件。（国防部指示 DoDI 6055. 17）

事故指挥系统

标准化的现场应急管理结构，旨在提供一个综合的组织结构，以反映单个或多个事件的复杂性和需求，而不受辖区的限制。事故指挥系统是在一个共同的组织结构内运作的设施、设备、人员、程序和通信的组合，旨在协助事故期间的资源管理。适用于各类突发事件，并适用于小型、大型、复杂事件。各个司法管辖区和公共及私营职能机构都使用综合安全系统来组织现场级的事件管理行动。（国家事故管理系统）

基地

国防部所属的所有场所、机构、保留地、永久基地、遍及全球的司令部与组织（包括国有民营和民有民营的场所，以及在国防部基地里运行的非国防部机构），包括支持应急行动的地点。一个基地可能包含一个或多个站点。此外，陆军内部还存在两种“虚拟”基地。陆军国民警卫队的虚拟基地，在副司令指挥下由各州来确定，这种虚拟基地管辖计算州内应急准备中心或站点。同样，每个美国陆军预备役战区战备司令部都被作为虚拟基地，在该基地内，预备役中心被确定为站点。

民众关怀

民众关怀包括提供庇护（包括家庭宠物）、给养、分发应急物资、家庭团聚服务、即时健康服务与精神情绪健康服务，以及提供信息获取途径。

民众关怀服务提供方

提供民众关怀服务的人员或团队，包括：应急家庭援助中心小组、就地避难所管理员/小组、安全避难所本地管理小组、安全避难所远程管理小组、民众给养小组、大宗物资分发小组、呼叫中心小组、志愿者管理人员/小组、捐赠管理小组、快速需求评估人员与（或）小组、小型宠物避难所小组，以及 DFMWR（家庭、士气、福利和娱乐局）与后勤战备中心的相关部门与办公室的指定保障人员。

群体性警报通知系统

具有互操作性的一系列系统，可为基地人员提供近乎实时的信息和说明；在建筑物、区域、站点或基地内使用可理解的语音通信、可见信号、文本、数据或图形。群体性警报通知系统的目标是通过指明紧急情况并发布必要的指示以提供适当的响应或行动来保护生命。该系统系列包括（但不限于）：广域通知系统（高音喇叭）、建筑物内部通知（室内语音）、电话警报系统、计算机通知系统。

减灾

旨在减少或消除人员财产风险，或减少事故实际或潜在影响或后果的活动。减灾旨在解决灾难损害、重建和二次损害的循环问题。减灾措施可以在事故发生之前、期间或之后实施，并且通常从先前事故中吸取教训。减灾包括持续的行动，以减少已暴露出的、可能发生的或潜在的损失。在大多数情况下，这些活动或行动将具有长期的持续性影响。

多部门协调系统

提供一种体系结构以支持协调事件优先级、关键资源分配、通信系统整合和信息协调的系统。多部门协调系统协助组织机构来响应事故。多部门协调系统的要素包括设施、设备、人员、程序和通信。应急行动中心和多部门协调系统小组是两个最常用的元素。（国家事故管理系统）

互助协议

根据《美国法典》第 42 编第 15A 条，各组织机构和管辖区之间签订的书面协议，以迅速获得应急援助（表现形式为人员、设备、物资和其他相关服务）的机制。主要目的是促进在事故发生之前、期间和之后都能快速地部署应急支援。

国家事故管理系统

主动提供系统方法来指导各级政府部门和机构、非政府组织和私营部门，开展紧密合作，并管理涉及所有威胁和危害的事件——无论其原因、规模、地点与复杂性，以减少生命财产损失和对环境的危害。它是国家备灾系统的重要基石，为支持全部五个国家规划框架的事故管理和运行管理提供了模板。

国家规划框架

作为国家备灾系统的一部分，指导说明整个社区共同努力来实现国家备灾目标。《总统政策指令》－8 中涉及的五个备灾任务领域各有一个框架：预防、保护、减灾、响应和恢复。

国家救灾响应框架

指导国家如何应对各种灾难与紧急情况。它建立在国家事故管理系统中确定的扩展性、灵活性和适应性的概念的基础上，以整合全国范围内的关键角色和职责。该框架描述了事故管理的具体权限和最佳做法，这些事故范围涵盖从地方性严重事件到大规模恐怖袭击或灾难性自然灾害。国家救灾响应框架描述了原则、角色和职责，以及协调架构，以说明事故响应所需的核心能力，并进一步说明如何将响应工作与其他任务领域的工作相结合。

备灾

一系列关键的任务和精心安排的活动，以建立、维持和提高针对国内事故的预防、保护、响应和恢复行动的能力。备灾是一个持续性的过程。备灾涉及各级政府之间、政府与私营部门及非政府组织之间的行动，以确认威胁、查明脆弱点并确定所需资源。在国家信息管理系统内，备灾工作的重点是为计划、培训和演习、人员资格认证、设备认证和出版物管理制定指导方针、协议和标准。（国家事故管理系统）

预防

为避免事故或为阻止事故发生而采取的干预措施。预防工作涉及保护生命和财产所采取的行动。涉及将情报和其他相关信息应用于系列活动，这些活动可能包括威慑行动；强化检查；改进后的监视与安全行动；对威胁所有特征和来源的确定；公共卫生监视和农业检测；免疫、隔离或检疫；酌情采取的特定低风险行动，以威慑、预防、干预或阻止非法活动，并逮捕潜在的犯罪者并将其绳之以法。（国家事故管理系统）

保护

在所有威胁和危险环境中，维持与任务相关的军事与非军事能力和资产（人员、设备、物资、基地、场所、信息和信息系统以及基础设施）的有效性和生存能力。（陆军条例 AR 525－2）

突发公共卫生事件

由生物恐怖主义、区域性或全球性流行病、新的高致命性传染源或生物毒素引起的疾病，有造成大量人员死亡、长期残疾或永久性灾难的重大风险。此类疾病或状况包括但不限于自然灾害导致的疾病。

恢复

服务和现场恢复计划的制订、协调和执行；政府业务和服务的重建；个人、私营部门、非政府和公共的援助方案，以提供住房和促进灾后恢复；受影响人员的长期护理和治疗；社会、政治、环境、心理和经济恢复的额外措施；用以确定经验教训的事故评估；事后报告；减轻未来事故影响的措施制定。（国家事故管理系统）

资源管理

在所有管辖层级中确定可用资源的系统，以便能够及时、高效和不受阻碍地访问所需的资源，这些资源用于事故的预防、保护、减灾、响应并恢复。

国家信息管理系统下的资源管理包括互助协议和援助协议；联邦、州、部落和地方的特别小组的调用；资源调动协议。（国家事故管理系统）

响应

事故短期直接影响的处理活动。响应措施包括立即采取行动拯救生命、保护财产和满足人类的基本需求。响应措施还包括执行应急行动计划和旨在减少人员伤亡、人身伤害、财产损失和其他不利后果的减灾活动。根据情况，响应活动包括：应用情报和其他相关信息以减轻事故的影响或后果；加强安全行动；连续调查威胁的性质和来源；持续开展公共卫生监视和农业检测；免疫、隔离或检疫；采取的特定低风险行动，以预防、干预或阻止非法活动，并逮捕实际肇事者并将其绳之以法。（国家事故管理系统）

风险管理

识别、度量和评估风险的持续过程或周期，然后设计、实施和监控应对措施，以查看其执行情况，并为决策者提供持续的反馈回路，以改进应对措施，并权衡考虑风险接受和风险规避。（国防部指示 DoDI 6055.17）

（基地外）独立场所

具有单个或多个美国军事资产或联邦文职人员的站点，这些地点位于标准军事基地之外，并嵌入到我们的社区内。独立场所通常依靠外部军事机构进行安全保障、情报分析和应急响应。独立场所不受标准高级指挥官的管辖。独立场所可能没有规定的边界、进入限制、强制保护屏障或安全警卫。独立场所的特征是，对紧急情况做出响应的能力非常有限，通常是随意可见的，它们的设计、用途或位置向公众开放，实际上位于标准基地之外的社区中。

美国陆军坦克汽车与军械司令部寿命周期管理司令部

作为美国陆军装备司令部的一部分，该司令部在整个寿命周期内将所有关注士兵和地面系统的组织联合起来。陆军部总部保卫处（G-34）直接与美国陆军坦克汽车与军械司令部寿命周期管理司令部合作，对野战应急管理系统和设备进行管理维护。“TACOM”是一个独立的专有名称，而不是缩写。

类型化资源

类型化资源是对资源（在灾难中通常运用互助方式、容纳能力或潜在能力等进行交换）进行分类描述。通过资源分类，根据条令要求来检查资源，并识别资源组件（例如，人员、设备和培训）的能力。在灾难期间，应急主管知道资源需要具有何种能力以便高效地对灾难做出有效响应。资源分类的概念将有助于定义资源能力，以便在灾难期间轻松进行订购和动员。作为资源分类过程的结果，资源的能力易于定义，并且应急管理人员能够在灾难期间通过互助有效地请求资源和高效地接收资源。

参考文献

一、所需出版物

AR 525 –2　The Army Protection Program. (Cited on the title page.)

DA Pam 525 – 27　Army Emergency Management Program. (Cited in para 1 –7d.)

DoDI 6055. 17　DoD Emergency Management （EM） Program. (Cited on the title page.)

National Response Framework. (Cited in para 5 – 1d.) (Available at https：//www. fema. gov.)

NFPA 1600　Standard on Disaster/Emergency Management and Business Continuity Programs. (Cited in para 8 – 2.) (Available at http：//www. nfpa. org.)

二、相关出版物

相关出版物用于辅助信息的来源。读者不需要因理解此部大纲而去读这些相关出版物。

DoD 出版物见于 https：//www. esd. whs. mil/dd/. FEMA publications are available at http：//www. fema. gov。

HSPD 出版物见于 https：//www. hsdl. org. Code of Federal regulations are available at https：//www. ecfr. gov/cgi – bin/ECFR? page = browse. United States code are available at http：//uscode. house. gov/。

AR 5 –25　Army Weather Functional Activities.

AR 11 –2　Managers’ Internal Control Program.

AR 11 – 34　The Army Respiratory Protection Program.

AR 15 – 1　Department of the Army Federal Advisory Committee Management Program.

AR 25 – 1　Army Information Technology.

AR 25 – 6　Military Auxiliary Radio System and Amateur Radio Program.

AR 25 – 12　Communications Security Equipment Maintenance and Maintenance Training.

AR 25 – 30　Army Publishing Program.

AR 70 – 1　Army Acquisition Policy.

AR 115 – 10/AFI 15 – 157 (IP) Weather Support and Services for the U. S. Army.

AR 190 – 13　The Army Physical Security Program.

AR 190 – 24/OPNAVINST 1620. 2A/AFI 31 – 213/MCO 1620. 2D/COMDTINST 1620. 1E　Armed Forces Disciplinary Control Boards and Off – Installation Liaison and Operations.

AR 190 – 45　Law Enforcement Reporting.

AR 190 – 56　The Army Civilian Police and Security Guard Program.

AR 200 – 1　Environmental Protection and Enhancement.

AR 210 – 14　Installation Status Report Program.

AR 220 – 1　Army Unit Status Reporting and Force Registration – Consolidated Policies.

AR 350 – 1　Army Training and Leader Development.

AR 350 – 10　Management of Army Individual Training Requirements and Resources.

AR 350 – 28　Army Exercises.

AR 385 – 10　The Army Safety Program.

AR 420 – 1　Army Facilities Management.

AR 500 – 3　U. S. Army Continuity of Operations Program Policy and Planning.

AR 525 – 13　Antiterrorism.

AR 525 – 26　Infrastructure Risk Management (Army).

AR 600 – 20　Army Command Policy.

AR 608 – 1　Army Community Service.

AR 638 – 2　Army Mortuary Affairs Program.

AR 700 – 90　Army Industrial Base Process.

AR 700 – 127　Integrated Product Support.

ATP 3 – 28. 1　Multi – Service Tactics, Techniques, and Procedures for Defense Support of Civil Authorities (DSCA).

ATP 5 – 19　Risk Management.

CJCSM 3150. 03D　Joint Reporting Structure Event and Incident Reports. [This classified issuance is available to authorized individuals at (http://www. intelink. sgov. gov/sites/jointstaff)].

DA Pam 385 – 40　Army Accident Investigations and Reporting.

DA Pam 700 – 56　Integrated Product Support Procedures.

DFAS – IN Manual 37 – 100　Financial Management. (Available at https://www. asafm. army. mil/dfas. aspx? doc = 37 – 100.)

DoD 6055. 06 – M　DoD Fire and Emergency Services Certification Program.

DoDD 1300. 22　Mortuary Affairs Policy.

DoDD 3020. 26　Department of Defense Continuity Programs.

DoDD 3020. 40　Mission Assurance (MA).

DoDD 3025. 18　Defense Support of Civil Authorities (DSCA).

DoDD 3150. 08　DoD Response to Nuclear and Radiological Incidents.

DoDD 4715. 1E　Environment, Safety, and Occupational Health (ESOH).

DoDD 5134. 08　Assistant Secretary of Defense for Nuclear, Chemical and Biological Defense Programs [ASD (NCB)].

DoDD 7730. 65　Department of Defense Readiness Reporting System (DRRS).

DoDI O – 2000. 16　DoD Antiterrorism (AT) Program Implementation: DoD AT Standards.

DoDI 1100. 22　Policy and Procedures for Determining Workforce Mix.

DoDI 1342. 22　Military Family Readiness.

DoDI 2000. 12　DoD Antiterrorism (AT) Program.

DoDI 2000. 21　DoD Support to International Chemical, Biological, Radiological, and Nuclear (CBRN) Incidents.

DoDI 3001. 02　Personnel Accountability in Conjunction with Natural or Manmade Disasters.

DoDI 3020. 42　Defense Continuity Plan Development.

DoDI 3020. 45　Defense Critical Infrastructure Program (DCIP) Management.

DoDI 3020. 52　DoD Installation Chemical, Biological, Radiological, Nuclear, and High – Yield Explosive (CBRNE) Preparedness Standards.

DoDI 4000. 19　Support Agreements.

DoDI 5200. 08　Security of DoD Installations and Resources and the DoD Physical Security Review Board (PSRB).

DoDI 5525. 13　Limitation of Authority to Deputize DoD Uniformed Law Enforcement Personnel by State and Local Governments.

DoDI 6055. 01　DoD Safety and Occupational Health (SOH) Program.

DoDI 6055. 06　DoD Fire and Emergency Services (F&ES) Program.

DoDI 6055. 07　Mishap Notification, Investigation, Reporting, and Record Keeping.

DoDI 6200. 03　Public Health Emergency Management within the Department of Defense.

DoDI 8130. 01　Installation Geospatial Information and Services (IGI&S).

DoDM 3025. 01, Volume 1　Defense Support of Civil Authorities: Overview.

DoDM 3025. 01, Volume 3　Defense Support of Civil Authorities: Pre – Planned DoD Support of Law Enforcement Agencies, Special Events, Community Engagement, and Other Non – DoD Entities.

DoDM 5100. 76　Physical Security of Sensitive Conventional Arms, Ammunition and Explosives (AA&E).

DTM 17 – 004　Department of Defense Expeditionary Civilian Workforce.

EO12196 Occupational Safety and Health Programs for Federal Employees.

FEMA 508 series Typed Resource Definitions.

Homeland Security Act of 2002. (Available at http://www.dhs.gov/.)

HSPD 5 Management of Domestic Incidents.

HSPD 8 National Preparedness.

HSPD 18 Medical Countermeasures against Weapons of Mass Destruction.

HSPD 19 Combating Terrorist Use of Explosives in the United States.

HSPD 20 National Continuity Policy.

HSPD 21 Public Health and Medical Preparedness.

MEDCOM OPLAN 13 – 01 U. S. Army Medical Command All Hazards Preparedness. (Available at https://www.mitc.amedd.army.mil.)

MEDCOM OPORD 16 – 26 Public Health Emergency Management and Health Protection. (Available at https://www.mitc.amedd.army.mil.)

MEDCOM OPORD 17 – 26 Traumatic Event Management Coordination for Army Emergency Management Implementation. (Available at https://www.mitc.amedd.army.mil.)

MEDCOM Regulation 525 – 4 U. S. Army Medical Command and Office of the Surgeon General Emergency Preparedness and Response. (Available at https://www.mitc.amedd.army.mil.)

TB MED 507 Heat Stress Control and Heat Casualty Management.

TB MED 508 Prevention and Management of Cold Weather Injuries.

TM 3 – 11.42 Multi – Service Tactics, and Procedures for Installation Emergency Management.

UFC 4 – 010 – 01 DoD Minimum Antiterrorism Standards for Buildings. (Available at http://www.wbdg.org/.)

UFC 4 – 021 – 01 Design and O&M Mass Notification Systems, with Change 1. (Available at http://www.wbdg.org/.)

29 CFR 1910.38 Emergency action plans.

29 CFR 1910. 39　Fire prevention plans.

29 CFR 1910. 120q　Emergency response program to hazardous substance releases.

29 CFR 1960. 2（i）Basic Program Elements for Federal Employee Occupational Safety and Health Programs and Related Matters：Definitions.

29 CFR 1960. 34（b）（1）General Services Administration and Other Federal Agencies：General provisions.

32 CFR 552. 18　Post Commander：Administration.

33 CFR 203　Emergency Employment of Army and Other Resources, Natural Disaster Procedures.

40 CFR 68　Chemical Accident Prevention Provisions.

40 CFR 112. 20　Facility Response Plans.

40 CFR 300　National Oil and Hazardous Substances Pollution Contingency Plan.

40 CFR 372　Toxic Chemical Release Reporting：Community Right – To – Know.

10 USC 3013　Secretary of the Army.

31 USC 1342　Limitation on voluntary services.

33 USC 701n　Emergency response to natural disaster.

42 USC 15A　Reciprocal Fire Protection Agreements.

50 USC 1522　Conduct of chemical and biological defense program.

三、参考表格

在没有特别说明的情况下，DA 表格见于美国陆军出版局。

（APD）website at https：//armypubs. army. mil/.

DA Form 11 – 2　Internal ControlEvaluation Certification.

DA Form 2028　Recommended Changes to Publications and Blank Forms.